SOPA DE LETRAS

Y

DICCIONARIO

DERECHO

Bienvenido

Desde BookBlessed esperamos proporcionarte un entretenimiento y aprendizaje divertido y relajado. Los libros de esta colección contienen diccionarios. Aprenderás al mismo tiempo que te diviertes.

Una recomendación:

Hazlo con lápiz .
Estamos convencidos de que volverás a hacerlo, una y otra vez.

Temas:

Las sopas de letras están ordenadas por temáticas dentro del tema principal.

Diccionario:

Al final del libro dispones del diccionario con todas las palabras contenidas.

Esperamos que difrutes

BlessedPapers

Derechos Humanos

H	E	F	J	H	S	S	O	P	X	Q	E	K	O	F	K	C	A	J	W
N	M	N	K	P	K	O	T	B	N	W	J	Q	F	B	S	C	Z	Q	M
F	D	D	J	X	I	G	G	H	K	S	R	P	W	Q	R	F	Y	Q
A	A	C	A	X	C	D	P	X	O	B	X	G	X	Y	D	R	S	R	G
D	E	D	O	D	L	B	T	D	U	X	Z	T	V	W	M	X	P	Z	T
Q	Y	C	E	L	I	V	I	C	J	M	S	B	W	J	X	D	W	W	G
V	G	Y	M	R	B	N	S	F	N	J	Z	R	D	T	W	Y	K	I	A
U	Y	Y	H	I	E	K	G	D	U	U	E	C	W	M	D	P	P	P	I
J	N	V	M	J	R	C	V	I	A	L	V	N	G	E	Y	V	Y	N	R
S	G	B	I	Y	T	Y	H	R	D	V	P	P	R	H	Q	T	Q	N	S
A	W	K	P	A	A	B	T	O	I	X	S	E	B	F	W	T	X	S	H
S	F	O	Q	M	D	I	V	L	S	L	C	A	W	Y	Q	G	E	M	N
D	F	C	B	A	Y	M	N	Y	G	H	F	E	K	X	C	T	C	G	N
W	S	R	Q	C	B	X	J	L	O	F	U	J	M	Q	X	H	O	Z	O
R	I	D	I	F	G	L	X	S	V	X	U	M	V	W	J	W	M	O	L
A	F	K	L	C	G	Z	W	V	D	A	D	L	A	U	G	I	V	G	J
S	I	Y	T	O	T	I	H	J	W	R	B	G	T	N	U	X	X	J	Q
T	S	U	W	U	M	V	X	Z	E	O	T	A	B	H	O	W	G	Y	N
F	I	O	Z	O	O	X	V	F	G	V	C	I	W	Q	M	S	C	Q	T
C	R	E	K	L	Q	H	U	F	C	B	J	U	S	T	I	C	I	A	P

Libertad   **Igualdad**   **Justicia**
Dignidad   **Derechos**   **Civil**
DerechosHumanos

Derecho Penal

H	R	W	O	Z	J	J	W	F	T	P	N	I	X
F	H	Y	Y	D	E	L	I	T	O	X	T	B	Z
B	E	M	A	D	A	W	Y	P	N	F	I	K	Q
F	B	N	L	I	P	S	R	H	L	N	K	M	A
Y	L	G	C	M	C	I	U	T	O	J	G	N	F
Y	K	Q	R	T	S	N	R	C	O	G	P	J	M
J	J	P	S	I	T	Z	E	Z	A	D	W	Q	M
B	R	X	O	L	A	N	S	T	C	I	S	V	U
I	Z	N	E	L	T	E	S	U	N	C	U	J	D
J	O	F	L	E	E	S	Z	C	C	E	U	S	L
M	B	S	C	U	L	P	A	B	L	E	S	J	Z
U	B	S	A	X	X	T	H	I	Z	E	N	A	O
G	A	N	M	B	Z	J	Y	S	D	D	E	A	V
C	D	J	I	O	O	F	C	C	I	O	N	N	K

Delito   **Acusado**   **Juez**
Culpable   **Inocente**   **Prisión**
Sentencia

Derecho Laboral

U	X	K	A	V	R	P	T	Z	Q	R	G	D	J	E	Z
J	X	D	D	Y	Q	L	V	Q	S	V	J	O	A	D	K
Y	Q	K	Y	B	G	F	Z	F	E	B	D	D	F	H	M
S	A	L	A	R	I	O	C	O	N	T	R	A	T	O	U
H	A	M	N	S	P	T	T	Q	O	E	A	E	U	Z	B
G	B	V	F	T	Q	V	R	A	I	K	C	L	T	N	B
G	R	U	Q	K	F	U	A	L	C	A	E	P	O	T	H
W	I	C	S	P	F	V	B	H	I	I	C	M	U	W	C
S	T	R	G	Q	W	W	A	M	D	V	D	E	F	N	O
N	L	L	X	G	W	N	J	W	N	N	R	N	L	D	O
E	D	H	R	E	D	Q	O	C	O	W	S	Y	I	M	Y
U	B	K	F	E	M	K	P	G	C	A	L	P	O	S	Q
D	R	P	E	V	P	D	Z	D	Y	C	S	D	C	E	J
V	S	W	D	L	F	C	R	R	I	E	V	P	G	N	Z
O	T	O	N	S	E	A	R	O	D	H	Y	Z	R	Z	X
K	P	J	D	A	H	S	O	Q	S	R	G	N	N	T	Z

Contrato	Empleado	Despido
Sindicato	Trabajo	Salario
Condiciones		

Derecho Civil

H	X	A	K	C	P	J	P	Z	M	B	E	H	W	S	O	G
I	Z	Z	R	F	H	V	K	G	H	W	E	W	A	Q	Q	C
P	M	T	X	Y	X	D	T	C	J	F	G	G	V	I	H	X
K	B	S	Z	Y	T	F	F	B	L	H	B	Y	K	R	U	D
O	T	J	U	B	V	T	T	E	R	P	Y	S	G	A	A	M
Y	B	Q	P	Q	O	V	I	T	T	N	J	H	L	D	O	F
R	F	L	P	L	J	W	J	Q	J	N	R	O	E	Q	I	R
P	F	M	I	W	F	X	Q	O	A	W	M	I	B	A	G	F
D	V	I	M	G	P	H	A	A	B	A	P	H	F	N	W	I
I	T	E	S	T	A	M	E	N	T	O	M	C	Z	H	I	E
V	D	V	J	C	N	C	Y	R	R	P	Q	E	G	J	N	N
O	Q	M	V	E	H	X	I	P	E	P	X	Q	K	F	L	E
R	Y	C	N	I	W	M	R	O	W	N	I	N	M	P	E	H
C	X	B	S	D	O	E	G	R	N	X	C	M	H	S	R	D
I	J	K	E	N	U	O	Z	V	T	E	R	I	T	P	E	Z
O	B	C	I	F	R	E	S	P	D	E	S	M	A	I	T	V
Q	B	O	T	A	R	T	N	O	C	L	T	A	F	B	S	F

Contrato   **Propiedad**   **Matrimonio**
Herencia   **Testamento**   **Divorcio**
Obligaciones

Constitucional

V	U	U	A	H	O	T	M	J	O	W	K	Q	E	J	Z	R
J	U	R	I	S	D	I	C	C	I	O	N	X	B	J	H	Q
N	O	O	B	H	H	B	J	U	Z	V	A	C	J	B	O	Y
X	R	R	O	G	V	M	P	M	B	Q	O	K	S	O	S	X
B	K	R	E	N	W	A	L	A	T	N	R	D	O	M	T	G
W	A	R	P	D	R	A	B	E	S	N	Q	U	H	B	F	S
A	K	T	P	A	O	E	A	T	V	M	C	R	C	V	Q	G
C	P	W	P	A	X	P	I	A	E	C	H	O	E	X	S	B
A	T	X	X	G	V	T	N	B	T	D	J	O	R	Q	Z	Z
E	B	R	O	W	U	O	A	X	O	X	T	S	E	J	U	X
X	K	B	O	C	L	Q	D	B	Q	G	X	K	D	O	U	U
M	U	Y	I	L	L	U	A	Z	J	B	D	T	T	N	Y	E
J	J	O	V	B	J	G	D	H	L	A	R	E	D	E	F	L
I	N	Y	A	F	E	Y	U	U	D	P	B	J	C	J	T	F
K	B	D	N	F	P	U	I	U	C	B	S	M	D	J	R	E
D	G	D	Q	L	U	L	C	B	N	R	N	F	E	W	D	U
U	D	Z	H	E	W	N	L	C	B	M	T	D	V	Q	I	Z

Constitución
Ciudadanía
Federal

Derechos
Jurisdicción

Gobierno
Poder

Internacional

L	T	A	N	F	V	J	J	W	F	R	X	W	N	W	C	A	X	F	Z
P	F	F	P	J	V	A	K	C	F	A	C	K	K	N	A	Q	U	I	V
E	C	O	M	Z	J	K	J	O	O	Y	X	U	B	J	T	A	O	X	S
C	B	O	O	Y	E	B	O	N	L	J	U	H	M	L	D	V	G	I	G
W	Y	N	W	W	U	W	M	V	S	L	C	X	C	W	I	Q	C	W	F
Y	B	Y	S	D	O	J	K	E	W	J	R	X	H	C	V	V	U	G	U
H	T	L	Q	A	I	A	E	N	F	H	P	D	Q	E	S	K	E	E	L
I	O	R	X	W	V	P	F	C	F	G	G	V	Z	G	P	P	P	N	F
J	W	Z	K	F	G	L	L	I	J	M	H	O	B	M	O	Z	W	D	S
J	D	Q	A	L	X	H	B	O	Z	H	X	R	M	Q	N	A	L	T	S
X	K	K	K	C	J	D	N	M	F	M	G	F	T	Y	A	Y	I	P
X	O	M	M	P	F	A	N	V	A	A	H	A	O	H	Y	Z	F	I	X
V	U	D	C	V	T	I	O	Q	L	N	C	N	S	E	T	H	O	L	M
D	L	O	Y	A	S	W	W	T	I	V	U	I	N	E	R	Z	Q	T	U
P	C	A	R	J	L	I	G	B	Y	D	C	Z	A	B	R	A	W	T	F
W	Q	T	B	G	C	K	Y	U	A	I	N	A	R	E	B	O	S	A	J
R	Y	I	O	L	D	V	E	T	O	Y	K	C	T	D	X	O	K	S	L
N	N	H	E	N	T	V	D	C	E	F	G	I	L	Z	W	B	D	P	V
A	F	S	H	S	O	N	A	M	U	H	S	O	H	C	E	R	E	D	G
X	G	L	Q	N	S	O	T	C	I	L	F	N	O	C	E	F	X	A	K

Tratado	**Soberanía**	**Diplomacia**
Conflictos	**Convención**	**DerechosHumanos**
Organización		

Derecho Mercantil

I	J	M	Y	Q	K	J	S	H	Z	E	J	S	F	D	K
K	Z	D	J	O	C	Z	T	F	V	E	K	S	M	N	E
L	Q	I	Z	T	T	J	A	P	N	H	B	Y	J	V	M
I	K	K	F	Y	V	A	K	R	T	O	V	B	L	H	P
A	S	Z	G	N	O	B	R	Q	B	V	K	W	C	I	R
C	A	S	L	W	N	R	E	T	F	E	O	E	Q	S	E
Z	Q	A	C	F	Y	B	D	F	N	W	I	R	M	A	S
E	F	P	G	T	Y	F	A	I	P	O	O	U	S	I	A
E	Y	V	G	W	M	U	D	C	R	T	C	U	Q	Y	E
K	P	V	Y	X	C	B	E	R	O	A	A	H	O	F	M
N	B	K	L	W	O	B	I	G	P	M	U	I	D	Q	E
G	U	X	L	T	V	N	C	G	I	Z	E	P	O	Q	Y
I	N	V	E	R	S	I	O	N	E	S	P	R	Q	H	A
G	B	H	E	Q	I	A	S	V	D	I	O	J	C	Q	L
O	P	Y	D	J	S	U	C	M	A	B	L	T	Q	I	X
P	L	I	X	P	M	H	H	F	D	W	Q	F	V	N	O

Comercio   Contrato   Empresa
Sociedad   Quiebra   Propiedad
Inversiones

Derecho de Familia

Z	C	U	S	T	O	D	I	A	T	Z	S	K	S	U	W	B	P	D
O	D	H	W	U	D	W	K	H	B	A	I	P	V	C	H	I	U	F
Q	Y	W	I	M	Q	I	M	R	L	N	X	D	O	W	Y	G	W	S
K	A	K	A	U	X	S	V	F	A	F	Y	A	P	M	H	L	N	Q
J	B	Q	B	V	G	V	B	O	T	X	P	T	R	B	M	K	G	T
P	G	U	S	P	C	V	A	L	R	W	D	S	C	V	R	I	G	R
T	W	H	L	Z	K	O	O	K	Y	C	T	E	M	D	Z	O	T	C
O	Z	Q	F	X	C	C	I	B	W	W	I	T	H	R	A	T	K	M
T	J	E	A	L	I	M	E	N	T	O	S	O	W	D	O	M	O	H
T	K	Y	V	Q	B	F	H	C	O	M	P	P	B	J	R	T	Q	Y
J	K	P	G	I	Z	D	O	F	G	M	O	A	N	S	S	R	B	R
O	D	E	M	D	P	K	X	J	B	K	I	I	D	I	K	N	T	S
F	L	Q	F	R	E	O	J	V	J	Z	J	R	R	M	O	P	V	X
Z	R	N	O	U	M	Q	Z	E	G	F	M	T	T	I	F	X	V	Z
M	W	Y	J	L	Y	M	Q	F	Q	N	G	A	C	A	N	H	H	Q
E	L	C	R	H	E	R	E	N	C	I	A	P	G	J	M	I	R	C
V	J	H	D	G	P	W	V	N	E	B	O	Z	X	L	Z	H	E	S
Q	P	J	A	C	T	F	N	T	J	D	O	U	P	H	R	J	K	V
Q	P	N	F	T	M	U	J	T	A	W	H	K	L	S	V	X	F	K

Matrimonio   **Adopción**   **Custodia**
Alimentos   **Divorcio**   **Herencia**
PatriaPotestad

Derecho Ambiental

L	P	M	A	K	R	Y	T	L	J	S	Q	R	D	U	U	S	L	W
R	Y	Z	P	C	W	W	C	E	F	J	M	B	Q	O	N	I	Z	N
K	L	T	P	Y	U	G	Y	X	C	I	Q	R	G	H	P	J	M	B
N	Z	A	W	E	R	Y	X	G	N	O	R	M	A	T	I	V	A	S
O	O	J	D	M	G	H	H	U	K	M	S	E	L	E	R	V	P	D
J	G	I	L	D	E	P	P	V	Z	Q	Q	I	Z	E	M	O	M	I
A	W	N	C	I	B	D	M	Z	M	C	G	N	S	D	R	E	P	L
C	H	M	V	A	N	O	I	C	A	N	I	M	A	T	N	O	C	A
V	Q	C	I	E	V	O	Q	O	N	P	A	F	P	L	E	R	H	R
V	K	F	M	U	S	R	H	W	A	R	K	Z	V	D	P	M	Z	B
W	I	S	I	S	Y	K	E	C	K	M	J	F	Z	G	C	T	A	J
F	Z	H	H	O	G	L	Q	S	N	M	B	J	M	D	G	C	Z	X
B	K	L	E	S	O	S	T	E	N	I	B	I	L	I	D	A	D	I
C	P	M	K	R	Y	I	B	K	I	O	O	G	E	S	R	J	Z	C
I	C	F	K	U	B	F	M	Y	N	G	C	A	M	N	R	A	B	K
B	L	D	B	C	G	A	O	D	K	Z	K	L	M	U	T	U	P	Y
Y	P	H	T	E	W	K	S	A	H	E	H	Y	O	P	I	E	Z	R
I	D	Q	G	R	P	T	G	R	B	S	G	A	S	P	U	T	C	Z
O	O	G	L	H	V	G	H	L	N	Z	U	I	K	U	G	S	M	Q

MedioAmbiente   Sostenibilidad   Conservación
Contaminación   Ecosistema   Normativas
Recursos

Derecho Administrativo

S	Y	K	D	A	K	F	E	Y	H	B	U	D	U	E	L	N	P	W
I	Z	H	J	Q	J	Z	A	Q	S	Y	K	U	Y	K	M	G	L	U
E	R	O	E	R	W	G	C	P	N	P	W	F	K	Z	H	W	E	Q
I	U	I	X	K	U	I	H	D	O	V	X	P	Q	V	O	H	Z	N
L	J	N	O	B	P	J	L	V	I	M	I	K	N	U	W	U	F	O
A	O	H	L	F	L	I	Z	F	C	U	P	J	H	W	I	K	T	I
R	F	O	J	Q	C	I	B	R	A	F	I	H	C	J	I	N	K	C
S	E	U	D	E	T	F	O	L	T	M	O	F	P	U	E	M	N	A
F	W	G	N	E	X	R	M	W	A	E	P	S	H	I	G	U	T	R
I	T	C	U	C	Y	F	X	G	R	U	T	A	M	H	X	G	K	T
W	I	I	L	L	I	C	T	Q	T	Z	D	I	P	B	O	N	T	S
A	F	H	X	G	A	O	G	K	N	G	D	C	L	R	N	H	K	I
V	T	X	X	M	V	C	N	Z	O	E	S	A	I	Y	P	H	S	N
K	H	T	U	P	A	W	I	A	C	L	I	R	K	M	C	E	R	I
Z	A	V	V	U	N	M	T	O	R	M	G	C	C	J	T	X	Q	M
M	R	B	R	L	L	I	R	Y	N	I	D	O	Q	N	S	Q	V	D
O	I	A	A	Z	Y	P	K	M	W	S	O	R	M	E	C	R	A	A
A	F	B	O	J	W	Z	D	Y	S	C	B	U	T	T	P	O	L	S
K	O	S	T	K	B	C	Z	V	U	F	H	B	V	Q	Q	U	L	D

Administración   **Regulación**   **Burocracia**
Funcionario   **Contratación**   **Procedimiento**
Licencia

P. Intelectual

E	F	P	R	T	Y	B	A	K	W	P	W	Y	G	M	S	V	A	H	J	A	W	P	I
E	L	O	M	V	O	L	O	H	D	O	N	B	Y	J	E	H	Q	N	O	E	E	J	H
R	Y	C	Z	C	C	E	U	B	P	D	N	N	D	K	Z	G	P	L	K	D	U	M	J
T	W	J	I	B	Q	B	M	U	H	U	Z	D	Y	U	W	V	Z	E	V	N	I	N	E
Y	T	N	W	W	R	N	H	R	E	O	P	C	K	L	G	V	H	Z	W	D	Z	W	P
B	L	S	G	N	T	H	O	J	W	O	S	B	N	W	X	S	T	C	G	E	W	A	X
Z	N	G	A	V	B	C	X	I	T	I	O	T	P	L	X	I	D	Q	N	V	H	X	C
I	L	F	B	F	S	L	B	P	C	Y	D	C	W	R	N	C	E	C	H	J	I	B	T
D	D	C	D	K	G	U	S	L	F	C	A	D	T	H	G	I	R	Y	P	O	C	I	R
Q	F	J	C	Y	R	T	L	N	G	O	A	V	N	F	B	P	E	Y	J	Z	M	Z	O
M	Q	V	R	N	U	E	W	R	U	G	D	R	G	V	K	K	C	Q	V	T	A	X	K
P	C	R	N	J	C	D	L	O	K	X	H	T	F	J	X	Q	H	Q	H	X	I	P	Q
K	N	I	W	G	E	G	K	Q	D	T	E	R	V	N	I	N	O	R	L	H	R	M	B
P	H	E	C	B	E	J	T	N	G	E	M	B	O	A	I	A	S	K	H	Y	E	S	G
Q	E	S	X	D	C	Q	N	S	A	B	Y	F	A	P	S	N	D	Z	C	C	T	Q	L
I	N	C	N	X	Q	X	W	M	G	V	C	U	Y	A	C	N	E	V	Y	Q	A	Z	E
P	R	O	P	I	E	D	A	D	I	N	D	U	S	T	R	I	A	L	S	Y	R	B	D
X	K	Z	F	D	A	R	R	X	Q	Z	Y	T	N	E	A	Y	U	H	I	U	I	E	X
G	T	G	D	B	C	L	V	I	Q	M	C	L	X	N	R	S	T	I	C	B	P	G	N
M	M	J	U	A	A	I	P	M	Q	Q	H	L	G	T	S	E	O	Q	X	E	N	D	Y
K	C	F	N	C	F	F	R	F	Y	L	M	H	X	E	L	C	R	N	I	T	X	C	R
V	S	V	H	X	E	A	U	G	Q	G	N	N	J	T	M	D	B	W	U	B	Q	J	W
D	I	W	R	N	E	E	E	R	U	Z	F	W	Z	D	I	G	N	B	V	U	N	I	U
Z	Y	S	J	V	X	J	E	C	H	O	D	Q	U	H	A	T	N	T	Y	K	U	S	D

Patente   **Copyright**   **Marca**
DerechosdeAutor   **PropiedadIndustrial**   **Piratería**
Infracción

Derecho de la Salud

I	S	C	E	I	B	M	H	W	Q	K	G	L	H	L	W	D	X	J	W
B	E	D	J	R	U	F	B	Q	F	V	X	S	P	P	G	O	B	I	E
O	G	U	O	O	A	W	C	C	W	M	H	X	X	X	V	D	C	R
D	U	L	U	L	E	T	O	B	H	G	W	P	O	H	R	V	V	D	J
A	R	C	I	I	T	U	K	T	D	C	B	A	S	U	X	L	D	T	Y
D	O	T	N	E	I	M	I	T	N	E	S	N	O	C	G	Q	O	B	A
I	M	P	W	B	C	K	Q	F	K	E	B	J	Q	H	K	D	Y	W	C
L	E	T	J	M	A	L	P	R	A	X	I	S	A	Y	V	M	I	K	X
I	D	H	D	C	M	S	E	G	F	V	R	M	O	Z	P	P	J	M	L
B	I	N	J	Y	E	W	H	E	O	T	P	J	A	S	M	T	V	U	U
A	C	V	E	F	D	T	S	L	Z	U	W	U	A	T	D	P	M	Q	L
S	O	Z	E	A	I	L	V	V	A	T	E	I	G	C	A	R	D	J	Y
N	U	O	J	F	C	R	S	Q	B	T	T	C	L	S	J	R	X	Z	J
O	I	S	I	L	A	F	D	N	O	Z	Q	F	Q	W	V	T	E	B
P	I	T	D	J	P	B	I	E	X	H	Q	E	U	Z	A	K	Y	W	A
S	N	Z	O	Y	O	H	I	B	D	C	N	M	F	M	O	S	P	E	Q
E	O	A	C	D	O	C	J	G	H	L	G	K	L	Z	S	O	C	M	C
R	I	E	K	N	A	P	R	J	U	X	D	F	X	F	T	P	N	B	X
E	E	P	H	P	B	F	Z	G	V	Z	X	Z	K	T	I	O	D	X	A
A	A	E	O	W	H	K	F	Z	V	V	E	Q	N	A	D	E	X	F	X

Consentimiento   Ética Médica   Paciente
Responsabilidad   Malpraxis   SeguroMédico
Tratamiento

Derecho Tributario

Q	J	M	N	J	N	Z	C	L	C	B	Z	O	O	U	G	R	C
G	D	N	L	Z	F	O	I	Q	R	M	L	K	S	X	T	D	P
T	S	O	T	X	Q	P	T	J	L	O	X	O	B	V	M	C	X
F	B	I	I	X	M	U	C	M	V	N	L	B	E	X	D	C	F
T	V	C	K	E	J	W	A	D	B	J	A	X	C	F	U	O	V
E	J	A	B	T	M	M	U	L	Q	N	E	M	L	I	U	G	E
O	E	R	G	N	L	Q	D	W	W	N	J	G	J	S	B	U	V
K	U	A	T	E	P	L	I	X	C	K	F	C	M	C	T	T	B
Y	Q	L	Y	Y	T	S	T	I	M	N	O	I	S	A	V	E	C
U	M	C	X	U	R	W	O	L	M	K	H	Y	Q	L	C	C	Y
U	Y	E	W	B	P	N	R	T	Q	U	L	G	K	Y	P	R	T
G	O	D	W	I	C	L	I	P	S	Z	F	V	E	L	W	A	B
Y	F	U	E	R	O	W	A	F	T	E	X	G	G	L	Z	K	
K	I	R	J	T	W	Q	P	M	J	N	U	Y	F	G	A	U	B
M	Z	I	T	N	X	R	E	V	N	R	K	P	Y	R	T	Z	P
U	H	K	R	O	N	G	W	O	G	H	W	D	M	N	U	O	M
N	V	N	N	C	O	P	K	N	I	G	V	Z	C	I	Q	Q	Z
M	F	M	J	V	V	X	Q	A	N	K	H	P	W	Y	K	M	C

Impuestos	Contribuyente	Declaración
Auditoría	Exención	Evasión
Fiscal		

Derechos Humanos

J	B	N	X	E	L	S	A	P	X	O	B	S	T	S	V	O	I	W	M	X
W	S	N	A	S	G	K	M	B	E	A	N	G	O	A	U	X	B	X	H	O
L	N	C	L	C	J	X	J	D	V	A	Q	O	V	Y	Y	M	Z	E	I	G
H	P	V	G	E	O	E	T	Y	Q	M	E	Q	E	A	J	O	M	D	E	W
X	F	A	W	V	A	P	P	H	R	T	J	G	S	N	N	L	G	N	E	V
U	J	U	R	I	S	D	I	C	C	I	O	N	E	C	T	Y	O	F	R	D
J	T	X	Q	R	Y	C	L	A	W	S	Q	L	M	V	C	D	B	T	R	
U	S	F	U	Y	E	S	R	Q	O	D	Q	Y	I	V	I	T	A	Y	S	U
D	Z	T	G	R	P	U	G	Z	S	W	K	P	V	D	V	J	I	G	B	Z
X	A	V	X	I	T	H	G	M	Z	C	F	C	I	S	C	Y	G	W	X	O
Y	N	R	O	R	I	Q	G	E	Q	W	P	O	C	W	H	I	U	Z	T	G
Z	P	I	O	M	G	B	I	E	D	B	D	N	S	P	N	Y	F	D	H	K
V	H	T	W	B	T	U	M	Q	N	S	Q	V	O	D	N	U	E	I	Y	L
O	I	I	A	G	X	X	Y	G	T	A	E	E	H	G	Q	W	R	Z	F	P
Q	O	B	E	G	Y	O	V	T	K	Q	X	N	C	I	X	Q	S	K	B	G
Y	U	D	G	F	J	C	Y	I	W	U	F	C	E	K	G	I	N	H	E	Z
H	U	K	U	Z	H	D	I	Q	H	Q	S	I	R	M	Z	G	S	V	O	E
V	D	Z	V	T	F	Y	L	T	S	W	J	O	E	S	I	T	F	X	E	S
M	I	T	T	U	J	T	K	D	M	X	P	N	D	S	I	R	X	S	F	V
Z	I	C	H	D	J	Z	B	P	J	B	Y	B	R	X	H	T	C	C	Y	I
L	U	T	F	N	H	J	D	W	T	D	S	W	F	A	P	L	N	J	F	B

Tortura   **Genocidio**   **Jurisdicción**
Convención   **Refugiado**   **DerechosCiviles**
CrímenesdeGuerra

Propiedad

D	C	T	K	K	Y	S	Z	X	D	X	Y	K	I
P	E	I	E	T	R	C	R	P	W	Y	K	I	R
A	S	T	G	X	D	U	W	V	W	V	J	M	J
Z	U	U	J	F	D	F	R	C	X	P	X	E	U
R	U	L	A	T	J	E	X	K	Q	X	B	Q	M
I	E	O	P	H	G	O	E	I	V	A	Q	W	V
F	N	V	T	I	U	K	N	F	R	Y	S	H	F
R	J	H	S	C	H	M	T	M	R	Q	T	I	F
N	W	T	G	F	U	W	U	F	A	O	E	P	R
E	R	A	L	E	C	R	A	P	Q	H	E	O	K
O	M	R	B	H	U	V	F	J	A	K	T	T	N
N	M	L	X	U	H	Z	Y	U	I	B	A	E	M
O	E	B	U	I	S	J	J	H	S	X	R	C	Q
U	V	P	U	E	S	C	R	I	T	U	R	A	D

Inmueble   Escritura   Hipoteca
Usufructo   Título   Parcela
Registro

Derecho Informático

L	Q	T	B	Y	O	T	S	B	J	U	E	O	B	G	H	O	H	Q	C	F	A	V	I
D	C	D	D	D	J	K	H	W	Q	S	D	Q	H	R	N	F	Z	X	O	K	X	T	Q
L	U	F	E	P	S	M	Y	K	Q	F	H	P	R	I	V	A	C	I	D	A	D	H	W
Z	X	T	W	L	W	P	J	G	R	L	F	E	G	S	B	V	W	L	T	C	U	L	Y
A	O	V	B	I	I	T	X	K	W	B	Q	J	J	A	O	C	W	H	U	L	D	X	P
A	U	O	X	W	A	T	B	Z	Q	K	K	K	S	S	V	K	C	R	N	S	A	T	W
A	G	G	M	Q	B	U	O	V	O	K	O	I	I	N	K	N	C	G	L	G	D	Z	G
D	A	T	O	S	P	E	R	S	O	N	A	L	E	S	V	N	D	P	X	K	I	W	X
Y	M	Z	B	S	T	L	L	E	C	F	J	E	O	X	I	S	E	J	L	L	R	K	C
L	R	K	B	Z	B	L	U	K	N	I	T	M	I	A	O	W	R	Z	N	F	U	P	Y
P	S	I	R	S	R	E	D	K	G	W	B	R	E	P	W	O	E	P	F	H	G	Y	A
E	O	G	N	J	X	Q	G	E	K	P	J	E	K	D	J	D	C	L	G	W	E	G	B
C	Q	C	H	T	V	K	J	D	K	C	I	X	R	X	W	C	H	F	B	E	S	T	T
S	Y	M	V	L	E	Q	R	Q	L	B	G	R	B	N	L	L	O	W	I	H	R	E	G
K	F	B	S	K	Z	R	J	K	Y	H	Y	I	A	W	E	O	S	M	Y	M	E	C	G
X	Z	H	G	T	J	C	N	X	Z	L	V	D	L	T	K	T	D	H	T	L	B	Q	Y
M	J	W	L	I	Z	X	Y	E	T	E	E	W	B	Z	E	Z	I	O	G	X	I	E	T
K	A	X	B	E	S	Q	O	T	T	B	N	S	Y	H	O	R	G	C	O	A	C	K	O
P	P	C	E	N	A	Z	H	T	C	D	K	E	B	E	Q	H	I	Y	O	T	T	L	G
M	R	M	N	H	D	E	D	I	L	N	Q	X	Z	O	G	F	T	A	M	S	I	X	O
O	C	F	W	G	N	A	R	J	D	L	Z	J	P	D	R	A	A	V	K	D	Q	Y	Q
G	V	G	X	O	X	O	J	J	G	X	K	F	G	I	Q	D	L	M	U	M	E	Z	Z
P	I	M	T	F	C	C	H	V	U	U	X	P	I	X	Y	G	E	S	R	P	Q	S	N
Q	I	W	A	A	J	O	I	K	N	D	Y	N	U	V	Y	X	S	I	U	X	W	M	L

Ciberseguridad   Privacidad   Piratería
DerechosDigitales   Internet   Datos Personales
DelitosCibernéticos

Derecho Aduanero

S	F	C	O	T	F	G	F	H	X	E	U	S	B	Q	W	X
Q	V	O	I	A	F	Y	W	L	C	J	Q	H	S	T	T	J
I	V	E	O	A	L	S	M	H	K	T	C	J	N	I	A	N
W	R	M	X	B	K	P	L	A	A	Y	M	Q	M	L	Y	D
Y	D	E	D	P	E	G	G	N	J	X	U	P	Z	P	J	B
J	Y	R	G	Y	O	R	I	A	R	W	O	J	E	K	N	F
B	L	C	U	U	Y	R	T	U	H	R	V	C	F	B	K	R
N	D	A	O	E	L	P	T	D	T	J	A	X	X	V	N	J
I	A	N	C	G	I	A	R	A	N	C	E	L	E	S	L	I
N	H	C	O	S	Q	J	C	Z	C	J	N	Q	O	G	Q	J
H	A	I	M	P	E	I	F	I	G	I	X	A	M	Z	C	Z
S	P	A	E	J	O	B	W	T	O	N	O	F	J	R	N	E
X	M	S	R	N	U	J	W	U	O	N	P	N	N	U	M	Q
Q	C	R	C	L	U	P	X	U	X	L	E	Q	O	C	S	F
Z	K	M	I	S	Z	U	M	A	S	K	T	S	W	R	K	P
N	J	R	O	L	X	F	O	E	S	T	B	O	E	S	C	Y
H	Y	E	B	W	C	R	O	J	L	B	A	T	U	P	X	L

Aduana   **Aranceles**   **Importación**
Exportación   **Comercio**   **Regulaciones**
Mercancías

Derecho Notarial

G	A	I	O	V	Q	H	O	B	W	A	W	N	F	H	C	Q	X
P	R	O	T	O	C	O	L	O	R	Z	V	L	X	B	D	X	H
C	U	S	H	B	O	V	M	U	S	N	V	M	Z	O	T	A	C
H	T	H	Q	B	P	S	P	T	N	V	W	V	T	H	T	Y	G
R	K	P	V	F	I	R	M	A	O	Z	K	N	T	P	L	S	H
D	O	F	F	Y	A	L	K	T	I	P	E	H	N	O	T	A	F
E	Q	G	K	Z	U	Z	E	A	C	M	E	V	R	R	Y	K	A
C	O	B	J	D	O	U	H	I	A	G	A	V	L	L	K	L	B
X	A	I	Y	M	Q	V	H	T	C	R	F	L	T	G	Z	T	E
Z	K	V	R	X	N	H	S	U	I	Q	Z	Z	L	J	K	Z	J
L	Q	U	K	A	C	E	Y	N	F	A	Q	K	U	S	D	E	Q
R	Y	B	I	T	T	Z	M	Y	I	P	C	G	Y	B	D	Q	C
O	C	H	M	P	B	O	P	O	T	J	M	T	I	P	L	N	F
S	S	T	P	X	X	E	N	C	R	L	P	H	A	D	I	W	X
G	R	J	U	A	R	G	I	U	E	R	V	I	G	N	V	F	Y
Z	U	G	I	C	X	V	G	J	C	C	T	Z	C	T	I	G	C
S	F	F	O	Z	N	R	R	K	Z	U	F	V	J	V	W	F	T
U	U	O	I	P	U	B	E	L	M	J	A	R	P	O	Y	R	U

Notario   Testamento   Protocolo
Acta   Copia   Certificación
Firma

Penal Internacional

A	V	J	Y	I	A	T	O	N	N	P	N	V	S	J	U	E	O	G	J	K
Q	C	Y	U	C	D	D	M	A	Z	P	O	H	V	E	O	X	M	T	U	C
N	S	R	F	R	V	B	W	W	P	E	H	K	N	O	S	K	E	L	Z	Q
Y	O	T	I	I	I	I	Y	I	F	T	J	Z	P	C	W	D	V	K	C	D
U	D	C	C	M	X	S	R	B	F	R	X	G	V	Z	G	A	T	A	R	D
N	L	D	Q	E	E	Y	D	J	Q	A	U	X	K	N	J	K	Z	Y	V	L
K	K	C	I	N	W	N	K	I	C	H	C	P	D	B	F	L	J	Q	T	Y
T	P	D	L	E	X	I	E	E	C	B	O	T	Z	L	V	W	R	M	F	P
V	C	R	I	S	P	E	R	S	E	C	U	C	I	O	N	D	W	P	E	H
J	T	P	Z	D	P	G	U	T	T	R	I	B	U	N	A	L	H	I	P	L
M	J	Q	Y	E	H	L	Z	A	F	M	O	O	Y	K	C	U	F	D	T	I
K	O	D	P	G	P	L	W	T	R	O	V	C	N	T	N	R	Y	P	E	V
R	P	Q	H	U	F	S	T	U	I	M	I	E	J	K	T	Z	I	I	M	V
H	Y	I	Z	E	M	Y	V	T	S	F	U	D	E	R	Z	G	L	B	Z	Z
D	R	A	V	R	M	Z	B	O	Y	D	Z	T	I	D	W	Z	U	Z	H	Y
V	O	D	R	R	I	T	S	O	I	Z	S	L	F	C	O	P	S	S	N	C
H	C	V	F	A	C	C	I	E	L	S	S	F	F	O	Y	Y	G	V	I
E	M	T	I	S	Z	T	M	P	B	P	V	E	N	R	P	N	H	K	L	R
P	V	X	F	U	R	C	J	I	W	F	B	I	I	R	W	Z	E	S	V	Z
M	X	L	O	H	D	G	S	E	M	C	M	N	Y	Z	I	D	Q	G	V	Z
K	M	D	J	S	T	P	B	S	H	L	I	W	A	C	O	Q	Y	K	C	G

Crímenes
Genocidio
Estatuto

Jurisdicción
CrímenesdeGuerra

Tribunal
Persecución

Internacional del Mar

S	I	X	Z	L	J	P	G	V	R	B	Q	Q	E	T	M	E	A	Y	K	M	S	Q	F	E
E	W	Q	B	N	K	M	Y	I	E	I	Y	R	T	U	F	L	H	G	X	M	T	E	K	O
P	L	Q	M	I	O	M	T	Y	S	J	F	U	C	L	M	J	N	W	V	N	J	I	A	V
X	I	N	U	T	M	E	G	S	I	R	Z	T	O	R	C	A	O	Y	O	W	E	L	I	J
K	P	N	Z	P	N	V	K	V	Q	S	Y	L	O	K	L	D	I	I	A	T	U	U	O	U
Z	W	S	H	H	U	J	F	T	I	Q	Q	M	N	O	U	C	C	G	W	E	J	U	V	N
B	D	K	Z	M	V	M	V	O	E	S	A	O	A	J	L	A	U	J	Q	U	Z	Q	F	R
D	O	P	F	T	J	E	Y	E	G	C	I	S	J	F	N	A	A	Q	R	T	P	N	X	X
Z	F	H	G	E	E	J	H	W	M	C	H	T	S	I	S	M	B	C	X	I	H	Y	L	J
H	H	Q	B	R	G	S	V	Q	A	C	L	W	M	I	T	J	Y	Y	E	U	X	T	S	R
C	Y	M	L	K	X	S	M	G	C	I	I	A	N	P	J	R	O	D	I	I	Y	I	H	J
X	Q	X	J	T	L	P	E	P	I	H	T	T	E	R	R	I	T	O	R	I	A	L	R	J
O	S	C	B	W	Y	V	N	E	M	N	E	E	I	Z	X	F	A	J	W	W	M	D	Y	N
W	M	Z	O	K	A	O	G	S	O	R	Y	O	D	V	U	C	H	W	F	P	T	Z	W	E
D	X	S	P	N	X	T	X	C	N	N	X	L	R	W	W	A	E	C	J	P	X	G	V	Q
C	F	P	X	K	T	I	L	A	O	J	A	R	J	V	Y	O	X	W	O	O	L	V	S	D
C	H	X	V	L	Q	I	C	O	C	D	R	L	U	I	U	M	N	M	Y	V	S	L	H	U
X	R	D	T	Q	O	I	N	M	E	O	I	Y	C	Q	Q	L	V	J	S	Y	P	T	R	W
N	E	Z	E	X	O	Q	P	E	A	E	L	C	J	H	G	P	N	K	P	W	N	L	G	G
Q	P	P	X	N	C	D	J	C	N	N	M	I	M	Y	I	J	O	Y	R	A	O	P	J	G
T	Q	W	A	K	J	T	H	K	O	T	W	H	G	J	N	K	Z	E	C	W	C	K	F	C
E	Z	L	S	F	R	R	I	M	Z	I	A	Z	E	V	Z	O	G	Z	Z	F	W	W	X	E
I	E	W	J	K	O	M	V	J	J	B	S	L	G	E	R	Y	E	L	C	X	B	G	L	M
S	A	C	Q	C	M	V	A	P	V	H	Y	K	C	X	X	T	C	Z	D	Z	L	S	I	F
P	V	E	I	I	H	S	H	V	J	T	P	A	L	V	J	P	G	J	V	L	O	K	W	M

ZonaEconómica   **Territorial**   **AguasInternacionales**
Navegación   **Contaminación**   **Pesca**
Continental

De la Competencia

I	A	N	Y	T	K	O	I	L	P	H	A	S	D	H	J	O	X	B	F	T	E	A
R	M	P	D	G	I	J	G	P	E	D	F	Z	S	Q	S	L	G	H	C	G	S	P
A	O	Y	M	C	P	X	J	X	B	L	A	F	I	N	Y	W	Q	P	N	X	Q	L
T	W	Y	W	T	F	W	C	L	R	R	H	Q	F	V	I	P	W	Y	O	D	O	T
O	H	Q	U	O	A	O	J	T	V	S	I	Z	P	Z	G	W	S	A	I	F	G	L
T	Y	C	I	R	B	V	L	I	Y	I	K	T	L	Q	L	M	G	K	C	G	J	U
G	B	H	N	Q	L	B	B	G	T	A	X	Q	I	S	S	S	C	J	A	W	P	D
W	I	A	O	P	G	N	N	S	O	H	J	T	V	L	K	Q	S	F	L	F	F	J
A	N	T	I	M	O	N	O	P	O	L	I	O	I	J	H	U	L	I	U	K	Y	F
O	O	M	L	C	J	D	T	K	X	O	R	L	C	X	T	S	H	S	G	P	S	P
C	Q	L	O	F	N	L	P	W	P	X	I	J	A	Y	B	I	W	E	D	D	S
H	U	K	P	A	W	E	B	T	N	M	G	J	W	R	X	O	G	O	R	D	Y	M
P	P	X	O	T	K	T	T	G	I	L	S	O	E	V	N	E	V	I	R	I	L	O
M	O	H	N	W	J	R	Z	E	L	W	Q	R	P	T	U	D	Q	L	Z	J	S	X
C	Z	V	O	M	F	A	F	F	P	D	L	G	O	Y	W	P	Z	W	B	B	G	D
P	U	I	M	J	S	C	U	G	B	M	D	B	E	U	C	O	U	Q	X	U	Z	X
Y	B	F	B	S	J	O	F	F	C	A	O	G	Y	M	W	Z	Z	F	L	T	D	Q
A	N	Y	N	S	Q	N	C	I	A	X	M	C	T	T	W	K	S	D	A	E	D	V
H	F	A	W	M	H	Y	E	X	S	W	U	P	E	M	X	M	N	Z	R	U	P	S
N	S	I	T	U	F	M	H	O	S	G	Q	Y	A	R	C	J	S	Q	K	U	U	F
M	U	V	C	Z	X	B	T	R	P	Y	F	E	G	P	B	G	H	F	X	A	X	Q
A	P	W	D	Y	J	X	W	G	I	X	X	M	X	R	I	I	F	F	B	L	H	X
C	O	M	P	E	T	E	N	C	I	A	D	E	S	L	E	A	L	J	H	L	Z	R

Monopolio   **CompetenciaDesleal**   **Antimonopolio**

Fusión   **Regulación**   **Cartel**

LibreCompetencia

Derecho Sucesorio

D	W	B	J	B	G	V	J	P	K	B	E	S	O	V
V	P	L	H	U	U	M	N	I	T	N	D	A	M	O
C	X	O	E	H	N	O	E	Z	O	C	Q	T	R	Y
V	F	J	J	N	O	M	W	D	C	K	L	E	D	X
Y	L	G	O	Q	I	I	A	S	S	C	D	S	W	Z
N	F	L	X	J	S	G	N	Z	U	E	M	T	W	B
L	K	K	U	A	E	U	G	O	R	P	T	A	J	L
W	X	M	H	L	C	N	N	E	M	W	H	M	Z	L
G	W	L	P	A	U	Y	H	H	H	I	E	E	L	L
L	A	Y	V	V	S	D	T	D	S	A	R	N	R	B
D	E	A	H	J	T	L	G	T	L	U	E	T	C	Y
C	Q	K	D	Z	Z	W	J	T	R	Y	N	O	A	V
D	J	J	E	X	J	F	F	W	K	T	C	C	E	P
D	P	U	H	P	Y	L	E	G	I	T	I	M	A	Z
I	O	B	M	U	I	A	C	G	M	R	A	G	J	Q

Heredero   **Legado**   **Testamento**
Herencia   **Legítima**   **Sucesión**
Patrimonio

Derecho de Consumo

K	Y	I	O	V	R	A	O	T	J	Y	I	I	P	B	G
T	I	P	L	T	M	K	E	W	K	P	H	B	C	A	C
Q	H	C	F	U	A	R	S	S	G	R	U	I	E	A	F
J	D	I	Q	Z	U	R	B	O	H	O	F	Y	B	W	T
L	M	G	A	R	A	N	T	I	A	T	V	B	T	O	W
C	P	N	A	R	K	W	J	N	A	E	J	X	P	X	N
C	O	Y	P	T	F	C	O	B	O	C	F	Q	N	G	F
O	B	N	O	I	C	A	M	A	L	C	E	R	U	D	N
I	F	S	S	D	U	M	S	J	R	I	O	P	U	E	B
X	W	I	K	U	S	Z	K	S	X	O	W	F	C	F	P
O	P	C	K	M	M	D	L	S	L	N	O	U	U	L	R
X	I	E	D	A	D	I	C	I	L	B	U	P	R	P	L
J	E	Q	M	A	D	G	D	E	R	E	C	H	O	S	N
X	Y	B	A	P	V	C	H	O	U	O	H	K	G	W	S
A	X	E	R	F	A	I	Q	N	R	N	R	A	C	H	H
Q	H	V	N	A	H	S	G	R	H	I	F	O	Z	V	M

Consumidor   **Publicidad**   **Contrato**
Reclamación   **Protección**   **Garantía**
Derechos

Tráfico.Seguridad Vial

C	B	V	W	S	D	C	E	M	U	L	T	A	I
O	Q	A	D	Z	G	N	V	B	P	R	W	Y	Z
N	S	X	L	Q	F	N	Q	K	L	I	F	X	G
D	B	K	G	F	O	H	D	G	D	R	E	Z	V
U	W	J	O	V	E	R	X	W	C	K	D	Z	D
C	A	I	C	G	D	D	O	N	S	D	U	W	N
T	T	M	Q	M	A	J	N	F	L	T	L	M	A
O	E	T	N	E	D	I	C	C	A	W	U	E	V
R	J	E	W	W	I	E	H	J	N	M	I	F	G
F	C	L	S	C	C	S	U	N	E	G	E	K	N
C	E	K	G	F	O	F	C	H	S	Y	U	S	P
K	F	X	I	P	L	E	D	G	U	E	N	F	G
K	P	L	I	C	E	N	C	I	A	B	A	O	W
T	T	H	Q	N	V	W	V	A	X	B	Z	X	L

Conductor   Semáforo   Licencia
Accidente   Velocidad   Señal
Multa

Extranjería

L	N	X	P	D	L	R	E	H	Y	D	Y	J	R	J	Z	O
G	I	F	D	A	X	N	M	I	G	R	A	C	I	O	N	C
Z	H	G	P	D	G	S	V	Q	Q	F	M	S	R	J	C	Q
I	T	J	R	I	T	P	B	C	S	U	O	O	I	Z	T	Q
H	Y	Y	T	L	O	T	N	F	K	S	N	D	N	L	I	M
J	C	C	R	A	T	X	B	L	C	S	K	A	K	P	O	C
I	A	O	C	N	Y	Y	P	A	D	Z	R	I	A	P	M	X
H	C	Z	C	O	O	J	A	P	G	G	H	G	P	B	L	R
R	C	H	G	I	I	I	I	M	X	Z	M	U	Y	R	Q	J
U	T	B	M	C	C	E	C	S	L	K	B	F	Z	X	Z	Q
V	G	F	M	A	F	S	N	A	Q	T	V	E	N	B	Z	Q
T	M	A	N	N	O	M	E	X	T	J	R	R	Q	E	J	Z
O	H	V	I	Y	M	I	D	X	G	R	M	C	C	A	H	O
L	T	Z	M	S	X	E	I	E	P	K	O	J	K	X	I	S
H	H	I	F	T	V	I	S	A	D	O	M	P	F	A	A	U
V	F	H	B	H	G	O	E	W	K	L	T	N	E	D	Q	T
O	Y	O	X	B	T	J	R	N	S	B	S	F	J	D	Z	G

Visado   **Residencia**   **Asilo**
Nacionalidad   **Migración**   **Refugiado**
Deportación

Marcas y Patentes

C	D	S	I	W	B	P	N	K	F	S	Z	U	W	B	J	O	M	N	M	A	E	D	Y	P
U	L	C	U	D	B	F	N	O	I	C	C	E	T	O	R	P	L	T	V	L	C	E	R	P
G	W	J	L	V	X	R	D	V	E	K	O	M	K	K	Q	O	L	O	E	M	J	V	K	W
K	E	V	L	A	X	Y	E	X	P	F	M	D	N	G	R	T	J	Y	G	B	D	F	S	H
S	V	M	A	U	U	M	R	G	M	J	O	V	X	K	F	P	S	Y	X	M	O	X	Y	J
A	I	B	I	B	L	T	E	B	I	G	Y	J	B	T	T	C	R	W	T	K	F	N	K	T
E	Q	Y	R	C	Q	L	C	A	S	S	P	G	W	Z	U	L	F	T	N	Y	O	I	Z	O
C	M	U	T	Y	V	I	H	E	Y	E	T	F	E	T	O	Z	B	P	B	J	X	U	O	A
R	P	C	S	V	D	J	O	K	L	L	K	R	Z	S	G	F	M	A	N	Z	H	H	F	Z
Z	X	C	U	W	Y	W	S	U	L	E	P	T	O	K	R	Y	E	C	K	S	C	R	G	D
U	F	J	D	M	S	Z	D	R	P	N	T	J	Y	A	D	O	L	F	L	M	W	C	X	S
Z	T	H	N	M	Y	N	E	C	Y	S	U	N	P	W	H	T	P	E	Q	V	N	C	T	K
M	Z	M	I	E	M	O	A	K	P	P	Z	N	I	B	G	O	B	W	F	E	B	X	G	K
H	Y	Z	D	Z	I	E	U	U	O	B	I	Z	A	D	M	V	T	L	I	G	J	V	F	J
O	B	A	A	B	W	N	T	T	L	Q	N	K	A	P	A	I	U	G	K	M	F	I	G	O
C	H	N	D	L	R	J	O	H	O	B	B	R	R	P	I	D	X	O	M	P	N	U	P	B
G	E	G	E	W	S	B	R	I	Q	S	Y	U	F	C	Z	P	E	C	N	V	L	D	T	Q
H	A	F	I	N	U	G	K	G	C	H	D	Z	B	V	Y	R	K	I	E	N	G	D	D	X
J	O	C	P	E	O	T	W	F	H	A	D	H	Z	B	F	L	L	N	P	U	X	U	M	D
X	K	K	O	P	V	D	I	K	X	B	V	N	B	F	K	N	C	O	R	O	C	T	X	U
O	L	A	R	S	H	I	Y	A	R	H	H	O	L	I	E	I	S	F	K	X	R	P	B	W
F	E	L	P	K	S	Y	F	M	P	D	R	H	N	C	O	J	X	N	T	B	X	P	W	W
N	E	C	A	Z	F	O	S	A	G	M	H	P	V	N	G	A	F	Q	M	B	V	D	I	N
F	Z	R	A	I	F	C	R	M	A	S	Y	J	G	M	I	X	L	G	F	U	R	M	O	Z
Y	N	R	T	S	F	E	W	A	L	X	R	E	S	X	L	U	S	Q	D	G	T	I	C	W

Registro

Protección

Innovación

Invención

PropiedadIndustrial

DerechosdeAutor

PropiedadIntelectual

Internacional Privado

Y	G	G	P	N	F	T	F	D	N	R	V	W	K	S	N	I
A	O	F	E	U	Z	R	T	F	O	G	J	Q	P	O	U	B
R	R	T	L	S	G	J	G	J	I	L	W	Q	G	P	C	Y
B	E	Z	A	E	I	C	Q	M	C	X	V	X	F	U	W	N
I	D	H	Y	R	Y	R	E	V	C	U	H	Q	Y	J	D	E
T	S	O	D	A	T	A	R	T	I	K	R	S	E	F	Q	O
R	Z	F	P	S	J	N	P	G	D	O	R	M	J	S	J	N
A	L	C	Z	K	X	Q	O	L	S	D	E	T	W	S	I	F
J	N	C	O	N	V	E	N	C	I	O	N	Z	Q	L	I	I
E	K	T	H	F	V	H	O	L	R	C	U	C	J	J	R	A
M	Z	N	D	D	T	K	X	V	U	Y	A	G	C	N	F	N
R	M	J	A	D	Z	C	J	L	J	J	B	B	S	Z	N	A
Q	S	N	S	K	J	C	T	V	V	A	A	O	L	O	Q	R
Z	Q	W	I	K	W	K	A	G	N	Y	M	T	H	E	M	U
Q	Z	Q	K	L	X	G	H	J	P	S	Q	X	H	F	N	W
K	C	O	N	F	L	I	C	T	O	H	P	P	F	M	S	F
H	V	D	L	G	H	D	R	O	C	C	Y	J	G	R	I	G

Contrato	Jurisdicción	Convención
LeyAplicable	Arbitraje	Conflicto
Tratados		

Derecho de la Energía

S	R	J	W	S	J	J	F	Z	B	J	R	T	W	I	V	D	O	Y	X	L	N	S
T	X	Y	P	E	G	H	O	J	X	W	R	N	H	P	G	J	Y	P	V	Z	P	G
R	V	V	I	O	C	W	Z	H	G	B	V	L	U	N	Q	N	Y	D	Q	G	C	N
X	M	I	K	B	L	D	I	S	S	O	G	W	D	M	A	G	Q	E	E	N	V	Y
Q	G	B	A	U	Y	I	W	H	D	U	W	A	H	X	H	S	L	R	F	F	M	J
O	H	Q	M	J	V	U	T	Q	Z	Y	D	B	Q	O	K	B	W	F	T	Z	B	A
H	Z	F	Z	P	R	I	B	I	H	I	U	Y	O	S	A	A	X	L	G	C	W	H
B	I	J	S	E	S	W	S	Y	C	K	X	R	B	V	G	I	S	S	R	Z	K	L
R	V	L	U	T	N	X	W	I	N	A	T	Q	O	V	U	U	A	O	V	W	S	P
B	S	T	P	A	U	W	R	Q	O	S	E	N	R	H	H	G	F	Q	U	P	S	U
H	W	A	V	H	G	T	Y	G	I	C	E	N	I	I	R	W	O	L	G	P	I	V
C	Y	R	U	X	C	V	Q	N	C	R	U	U	E	D	P	L	Y	L	H	J	T	I
A	V	X	E	E	O	E	I	I	A	O	U	V	A	R	M	Y	C	W	C	T	I	Q
A	A	F	L	C	A	M	C	I	L	N	C	F	K	O	G	L	L	K	Y	U	F	M
D	U	E	E	T	U	D	G	A	U	O	B	W	F	C	U	E	N	Y	B	J	T	E
H	S	N	Q	S	Q	R	H	C	G	V	S	N	N	A	P	A	T	H	H	M	U	Y
G	E	E	S	O	E	Y	S	K	E	Z	C	F	P	R	D	M	P	I	N	K	P	T
G	B	A	L	N	T	O	J	O	R	J	A	D	R	B	N	R	R	P	C	B	O	X
O	F	J	E	U	I	E	C	N	S	R	W	L	V	U	E	M	L	W	H	A	S	E
X	M	E	D	L	O	W	P	X	L	U	Y	J	G	R	F	S	Q	N	S	D	V	K
N	B	J	Y	U	E	O	B	F	Q	W	J	S	S	O	X	I	Z	U	C	L	L	J
X	B	G	P	E	B	B	J	G	N	Z	T	Y	H	S	V	Q	W	L	C	C	C	U
V	N	P	I	W	M	W	X	W	I	Q	B	K	X	N	S	X	K	K	P	U	V	C

EnergíaRenovable Recursos Regulación
Electricidad Hidrocarburos PolíticaEnergética
Suministro

Derecho Bancario

Z	U	B	H	M	H	Z	G	U	D	A	B	S	T
D	J	A	F	Y	F	R	M	M	T	B	X	U	L
B	E	N	O	I	S	R	E	V	N	I	U	D	A
T	Q	L	M	I	N	T	E	R	E	S	C	S	C
C	Z	T	A	Z	N	O	R	B	O	C	X	M	J
D	S	W	T	N	F	D	N	L	H	C	Q	V	M
L	J	Q	S	E	L	O	Y	Z	M	B	N	P	P
I	D	H	E	R	N	V	Z	G	A	Z	W	A	M
F	G	P	R	G	T	F	L	A	V	S	D	J	B
Y	P	Y	P	H	Y	J	U	I	D	Q	A	H	V
F	S	S	M	G	F	T	K	W	E	U	K	I	M
M	J	S	G	H	N	N	T	E	Z	B	E	U	O
M	C	Q	M	T	F	W	C	X	P	K	Z	D	H
V	T	D	L	Y	K	I	Q	B	B	X	D	P	U

Préstamo   Interés   Inversión
Banco   Deuda   Cobro
Finanzas

Derecho Urbanístico

V	C	K	E	U	Q	T	T	B	L	L	O	X	J	T	L	W
N	O	I	C	A	C	I	F	I	D	E	L	I	Q	H	I	T
O	M	N	V	V	X	O	S	M	Z	R	L	E	O	F	C	R
A	R	I	O	S	P	T	F	G	C	J	O	U	S	H	E	Q
Z	Z	D	Y	I	G	R	F	Q	V	U	R	H	I	S	N	V
Y	F	K	E	J	C	T	U	M	Q	L	R	H	G	Z	C	W
A	G	F	D	N	D	A	N	A	F	G	A	A	Y	P	I	N
G	P	G	C	Q	A	V	C	W	K	Z	S	K	V	Y	A	X
O	Q	Z	M	O	T	N	E	I	M	A	E	N	A	L	P	V
V	O	U	R	T	Q	P	Z	A	F	Q	D	U	T	Q	A	X
X	H	Z	G	M	K	H	V	A	A	I	J	Q	I	J	A	E
Y	G	N	B	O	R	H	O	M	S	I	N	A	B	R	U	T
G	X	B	Y	N	R	I	S	V	V	N	Z	O	D	R	Q	S
Q	W	O	F	M	G	Z	T	M	K	V	M	Y	Z	Y	L	N
O	N	X	Z	C	L	Q	U	W	M	Q	U	H	S	Y	X	Q
M	Q	F	S	Y	A	Q	T	W	S	P	C	I	B	Q	M	G
Y	A	U	Y	E	U	Z	Q	S	C	Y	G	B	B	O	O	J

Urbanismo   Zonificación   Planeamiento
Edificación   Licencia   Desarrollo
Ordenanzas

Derecho Notarial

I	X	C	N	O	M	M	E	B	Z	L	O	Q	O	D
L	F	L	B	O	P	G	H	A	Q	W	D	B	I	S
U	X	I	G	J	T	R	Y	N	O	Q	X	I	N	U
Z	X	Q	R	P	U	A	C	U	I	R	O	O	O	N
U	M	S	G	M	W	N	R	G	S	I	Y	C	M	A
G	S	M	W	K	A	N	J	I	W	O	G	N	I	F
M	Q	O	L	B	I	N	O	L	A	G	L	E	T	E
R	Z	U	R	S	F	R	T	Z	K	D	U	L	S	P
O	W	Y	D	O	C	U	M	E	N	T	O	C	E	B
K	M	P	D	S	X	P	F	E	P	M	R	E	T	S
R	O	C	G	F	O	R	P	Y	F	I	N	V	W	Q
P	T	N	T	J	H	T	E	S	T	I	G	O	M	U
I	U	N	T	F	M	K	L	U	T	B	S	B	T	C
C	M	E	X	C	D	E	R	M	P	J	P	P	D	Z
Y	W	I	U	K	U	A	B	Y	K	K	I	T	K	E

Escritura	Testigo	Notariado
Firmante	Documento	Testimonio
Sellos		

Derecho Marítimo

Y	P	J	X	T	Y	O	F	E	Q	T	K	O	Q	I
G	L	J	T	C	A	E	Q	F	K	G	H	H	W	U
T	F	U	A	U	M	C	P	E	O	H	U	M	H	Y
P	A	Y	K	O	Z	A	M	A	B	I	G	A	P	E
N	B	S	P	T	P	B	S	I	P	V	G	I	V	L
W	O	K	V	N	A	U	F	R	A	G	I	O	F	D
G	R	I	D	E	D	U	Y	V	S	W	Z	N	L	B
X	D	O	C	M	H	G	Y	W	L	V	Z	F	M	H
H	A	C	C	A	P	I	T	A	N	X	V	A	D	J
U	J	T	X	V	G	Y	S	G	C	A	R	G	A	E
P	E	W	Q	L	U	E	G	H	U	I	Q	N	B	D
E	U	N	B	A	D	A	V	L	N	Z	N	Z	L	L
H	S	R	V	S	F	B	Q	A	K	K	P	H	M	K
M	B	K	H	P	O	L	U	Q	N	Q	W	Y	N	F
K	G	M	B	Y	I	S	X	H	F	S	N	T	E	D

Navegación   **Marina**   **Abordaje**
Capitán   **Carga**   **Salvamento**
Naufragio

Derecho Electoral

Z	T	O	J	Z	P	G	H	A	I	Z	G	C	A	M	P	A	N	A	O	R
T	P	U	G	B	X	N	G	O	Z	E	Y	T	U	P	F	T	F	W	L	D
L	I	G	V	C	H	W	V	S	U	V	F	B	O	D	O	E	T	R	N	R
M	G	O	L	V	O	U	V	D	H	E	N	R	O	B	C	Y	C	X	L	Y
V	F	C	N	L	R	L	E	N	W	H	V	F	A	F	P	L	B	D	G	M
O	U	W	D	O	T	U	E	M	J	P	W	X	F	X	O	O	F	C	Q	E
S	C	A	D	J	T	R	G	G	I	U	H	F	X	M	F	U	G	U	A	L
D	S	K	X	G	G	C	Q	E	I	N	P	W	V	L	Z	B	F	L	Q	R
L	W	W	T	R	W	Q	L	C	J	O	D	K	O	M	D	U	M	H	H	D
W	V	K	Z	V	E	O	A	H	V	M	E	M	M	S	L	G	V	Q	M	C
F	B	X	Q	F	E	N	O	I	C	C	E	L	E	P	O	L	H	B	L	K
R	J	X	J	E	D	Q	E	Z	G	L	T	X	E	H	X	I	I	Y	D	Y
I	T	Q	O	I	N	I	T	U	R	C	S	E	V	C	Y	V	Y	X	T	T
S	W	Y	D	G	Z	U	N	O	J	X	N	R	U	O	T	L	D	S	P	O
J	J	A	C	O	F	I	A	F	U	X	B	Y	V	P	I	O	N	A	J	I
T	T	Z	X	B	J	K	T	G	N	M	I	E	I	L	J	I	R	I	Z	R
O	B	Z	V	K	W	G	O	B	S	S	R	M	K	H	X	T	Q	A	M	M
W	V	H	H	H	O	C	V	F	B	T	E	I	R	J	I	T	D	Q	L	X
M	Q	E	Y	L	C	U	R	M	Z	O	H	T	J	D	O	Q	O	X	T	R
F	O	N	T	T	G	O	A	D	S	O	V	K	O	S	P	Q	F	K	U	N
Z	Q	G	Y	J	I	R	X	N	Z	K	J	I	J	X	C	Z	T	B	C	Y

Votante   Partido   Elección
Campaña   Colegio Electoral Candidato
Escrutinio

Derecho de Trabajo

H	G	T	L	M	Z	R	O	D	A	E	L	P	M	E	B
Z	T	A	C	C	K	D	P	T	R	D	A	P	I	K	Q
Q	B	I	O	Q	O	D	S	O	A	Q	L	Z	N	H	O
N	X	F	N	E	I	H	K	C	O	C	Q	O	V	O	U
Q	B	O	V	Z	X	X	L	G	M	I	I	W	Q	R	Z
G	E	B	E	Y	C	M	H	V	N	C	S	D	X	A	I
G	S	C	N	Q	H	C	Q	X	A	G	E	X	N	R	F
Z	R	K	I	H	A	U	E	I	X	S	I	M	T	I	N
E	N	T	O	U	Y	O	C	O	E	K	Z	B	B	O	S
U	I	E	B	N	F	O	N	M	G	D	O	O	O	K	J
R	H	U	E	L	G	A	P	G	L	F	M	G	O	H	C
Y	G	S	Z	E	S	L	X	I	O	V	P	R	S	W	L
V	Y	F	N	G	E	N	T	G	O	M	E	E	X	E	U
Y	P	C	U	O	V	F	V	M	P	Q	M	H	B	B	W
Y	M	T	B	S	A	E	N	B	G	F	L	K	R	I	V
F	Z	F	D	D	M	F	K	C	V	M	I	P	V	Q	C

Sindicato   Huelga   Convenio
Negociación   Horario   Empleador
Desempleo

Com.Internacional

I	S	H	W	M	U	V	M	A	N	A	U	D	A	P	E
J	M	T	C	F	W	U	E	Y	O	Q	F	G	G	A	X
N	M	P	N	T	K	T	A	M	M	T	P	G	H	F	U
E	A	R	O	G	V	C	Y	E	E	B	C	C	O	Z	M
E	Q	T	I	R	O	J	M	P	H	L	O	O	A	U	M
I	R	E	C	E	T	K	Q	I	H	V	M	I	E	W	U
A	B	Z	A	G	F	A	R	A	N	C	E	L	E	S	O
X	J	O	T	L	F	I	C	M	I	Y	R	A	Q	G	M
V	W	K	R	A	H	O	L	I	H	R	C	B	V	C	I
C	F	H	O	S	C	X	R	H	O	U	I	T	B	T	G
T	E	A	P	H	E	U	O	B	E	N	O	M	R	F	S
D	F	B	X	T	F	Q	M	R	Y	P	E	X	P	P	A
A	D	U	E	H	C	A	D	D	B	O	C	X	W	L	I
Y	L	U	Q	G	O	O	C	U	O	F	C	U	P	N	C
I	F	E	C	M	H	M	O	Q	X	J	F	J	D	V	V
F	N	Z	M	D	Z	E	P	L	W	R	B	G	E	S	Q

Aranceles   **Acuerdo**   **Exportación**
Importación   **Reglas**   **Comercio**
Aduana

Seguridad Social

M	J	M	X	S	Q	T	E	C	A	M	Y	C	N	L	B	T
Q	X	O	F	H	S	U	H	V	K	J	G	X	S	M	P	F
T	R	F	N	N	E	O	G	G	I	W	P	S	U	K	J	X
S	T	C	Y	P	U	R	I	T	U	S	V	E	W	Q	F	O
O	E	C	O	M	D	J	V	C	M	N	C	N	E	S	H	T
W	K	N	K	T	F	J	D	O	I	X	R	O	S	E	P	B
Y	F	O	O	L	I	B	S	R	I	F	Z	I	S	D	W	Q
I	E	I	K	I	X	Z	J	T	Y	J	E	S	L	U	V	L
S	Q	C	N	E	C	V	A	V	Z	O	O	N	Q	P	A	C
G	H	A	X	O	E	A	L	C	T	K	H	E	E	O	U	M
J	D	L	U	J	I	Y	T	L	I	E	C	P	H	B	D	C
E	U	I	K	U	Q	Y	D	S	J	O	M	I	S	U	V	F
L	A	B	D	A	D	E	M	R	E	F	N	E	U	U	D	X
R	L	U	J	P	D	G	G	W	R	R	G	I	L	Q	H	Y
R	O	J	F	W	G	X	O	F	F	U	P	A	J	V	M	C
C	F	Q	B	U	K	T	W	N	R	S	N	P	M	D	C	A
N	Z	M	I	V	R	F	O	O	J	I	D	Y	P	U	I	K

Seguro   **Prestaciones**   **Pensiones**
Jubilación   **Enfermedad**   **Cotización**
Beneficios

Derecho Ambiental

Q	T	J	Z	L	R	P	A	W	J	I	Y	U	K	X	N	V	F	Q	Z	N	V
U	C	R	D	A	J	J	O	I	Z	N	M	J	J	E	J	X	Q	X	M	Z	G
A	Y	A	H	D	T	D	M	L	A	H	D	R	N	X	R	L	L	H	Z	I	B
S	A	J	M	T	X	Z	U	O	R	I	Y	N	K	J	B	F	E	G	C	G	M
Q	T	M	E	B	P	L	Q	C	J	A	G	F	S	T	K	O	G	Y	P	D	V
K	I	D	D	K	I	P	R	H	N	P	J	O	S	S	G	V	H	C	M	A	D
Z	R	L	I	J	I	O	F	V	E	A	L	P	L	G	I	Q	E	E	V	D	H
E	T	M	O	N	O	I	C	A	V	R	E	S	N	O	C	Y	V	J	B	H	F
C	T	U	A	G	M	N	N	L	X	L	N	D	Y	F	C	N	N	L	S	W	Y
Z	Y	B	M	O	N	L	P	O	I	J	Z	A	W	X	S	E	B	Y	G	B	U
P	O	O	B	A	D	D	U	H	I	M	U	E	U	O	Z	J	K	U	S	O	Z
P	C	G	I	T	L	I	B	H	V	C	A	V	K	Z	T	D	M	E	K	B	K
O	C	R	E	C	U	R	S	O	S	N	A	T	U	R	A	L	E	S	O	Z	F
L	G	S	N	T	E	M	B	U	C	R	H	N	I	U	G	V	R	E	Z	N	T
K	Y	A	T	N	E	C	Z	Q	J	D	I	W	I	C	Y	L	F	L	Y	V	D
Y	S	B	E	S	Y	U	U	O	C	B	L	F	Y	M	O	I	F	C	Y	I	R
O	D	P	E	F	Q	S	W	C	D	K	D	V	N	E	A	C	T	L	Z	R	Y
G	Y	X	B	G	O	G	V	V	W	G	Q	W	S	S	M	T	O	K	F	N	I
I	H	D	A	D	I	S	R	E	V	I	D	O	I	B	Z	Z	N	N	A	H	T
U	O	E	F	P	F	P	K	M	R	O	X	V	O	N	A	F	Z	O	V	G	T
S	C	X	O	M	T	C	X	X	V	J	E	L	P	Y	X	C	V	Q	C	A	P
I	N	X	Y	L	P	I	X	U	X	D	L	T	G	Q	H	C	C	X	Q	Y	L

Medio Ambiente　　**Biodiversidad**　　**Contaminación**
Ecología　　　　　　**Conservación**　　**RecursosNaturales**
CambioClimático

Derechos Refugiados

D	U	I	P	Z	M	E	L	F	W	O	A	Y	O	I	H	O	U	K
N	I	D	O	N	B	P	N	M	D	V	V	G	O	Q	J	O	H	Z
U	R	Q	T	D	H	O	D	A	I	G	U	F	E	R	L	L	K	Z
B	S	O	N	F	Q	E	Z	Y	D	Y	V	A	H	I	G	M	W	F
N	F	Z	E	T	W	J	O	R	Y	T	N	A	S	R	S	M	U	V
I	N	O	I	C	A	R	G	I	M	D	C	A	M	D	U	K	B	K
I	R	A	M	Z	Z	D	J	Q	S	S	E	L	C	E	N	A	P	Q
Z	N	W	A	O	Z	P	O	Z	D	D	T	H	X	F	Y	S	S	B
Y	H	S	Z	T	P	E	O	H	O	K	M	K	M	I	L	I	J	L
W	K	P	A	S	R	R	S	H	Z	N	H	C	Z	F	A	L	B	J
G	X	A	L	H	W	S	C	C	K	T	X	I	S	C	D	O	H	V
S	W	M	P	X	S	E	Z	O	Y	H	H	O	T	J	L	O	H	C
V	H	U	S	S	R	C	T	M	F	H	J	O	N	K	B	H	M	R
O	U	O	E	E	X	U	K	J	F	L	X	B	R	Y	R	G	W	R
L	T	X	D	J	T	C	W	E	Q	P	V	N	M	W	Q	P	O	V
O	L	S	I	A	Q	I	I	E	X	I	V	Q	C	J	O	X	Q	S
L	H	A	T	Q	C	O	X	P	U	A	U	O	L	R	C	O	P	D
T	M	S	R	L	G	N	L	M	H	A	O	U	I	O	C	E	B	F
Q	E	Y	R	Z	L	Y	X	O	V	N	F	O	D	M	G	C	G	C

Refugiado   Asilo   Migración
Persecución   Desplazamiento   DerechoDeAsilo
Estatuto

Derecho de la Niñez

H	W	Z	U	A	K	V	K	Y	J	F	W	C	L	L	H	L	J	I	W
Y	J	Y	E	W	Y	U	Q	U	R	F	G	O	K	V	U	O	C	X	Z
Y	K	X	N	J	M	F	R	G	D	B	B	T	H	F	B	H	B	L	J
W	Y	N	W	D	V	F	W	F	B	F	U	S	V	L	T	T	U	F	U
A	A	H	B	N	X	N	I	X	A	I	O	E	C	K	F	I	Q	Z	F
C	R	H	A	H	I	A	V	A	J	O	U	I	K	F	A	Q	W	M	G
L	B	X	B	M	H	F	I	N	S	Q	W	X	B	T	J	E	Z	T	U
U	X	S	X	O	K	W	P	S	Q	J	A	E	U	W	H	T	U	U	C
V	G	E	L	U	A	J	Z	A	S	B	K	G	Y	N	P	T	J	I	T
Y	L	O	A	S	H	G	L	B	V	T	N	I	Q	R	U	T	I	L	T
K	K	A	M	K	A	X	I	T	X	S	C	T	O	Z	S	N	U	U	B
F	V	B	Y	H	E	Q	K	T	K	R	D	T	A	T	O	S	V	Y	W
A	K	U	A	V	N	M	I	F	W	G	E	V	Y	M	A	C	N	N	U
T	D	S	E	E	F	C	Q	E	C	J	E	X	I	Y	B	V	W	T
Z	R	O	U	I	R	Y	W	M	C	V	F	B	D	B	Z	C	D	J	V
L	Y	A	P	K	R	K	M	I	E	Q	H	O	B	A	P	U	V	G	A
X	M	O	F	C	Y	H	O	I	Y	N	T	U	T	E	L	A	U	Y	T
N	E	A	O	N	I	N	L	E	D	S	O	H	C	E	R	E	D	Z	D
W	L	M	H	G	B	O	N	K	U	A	X	R	F	Q	Y	E	X	A	V
R	O	U	V	U	M	N	N	C	P	N	P	K	I	O	U	Y	O	O	K

Menor
Tutela
Custodia

Protección
Abuso

Adopción
DerechosDelNiño

Derecho Tercera Edad

Y	M	I	Q	H	K	Z	Y	A	K	C	S	E	F	U	B	Y	A	N
U	B	P	Q	F	N	J	U	J	A	T	U	D	Z	X	L	N	C	O
M	L	E	A	Z	S	Q	A	Q	I	I	O	A	T	T	K	D	C	I
O	R	S	D	M	C	O	S	I	Y	R	I	R	N	A	J	O	E	C
E	T	R	I	L	D	O	R	N	C	X	N	V	F	D	C	J	E	A
E	K	N	V	H	D	F	E	T	P	N	H	A	J	Z	N	O	H	L
V	Z	Y	E	A	L	T	U	K	K	Z	E	Z	W	U	G	W	K	I
Q	L	S	D	I	V	S	R	P	Z	Q	X	D	X	J	K	L	A	B
B	Q	I	D	E	M	J	M	E	U	X	X	Q	N	B	Q	U	H	U
Q	U	Q	A	F	N	I	D	X	T	V	N	F	E	E	E	H	B	J
C	A	C	D	R	L	R	C	Q	N	Q	P	R	D	P	P	C	J	F
P	C	K	I	P	D	Q	S	E	B	E	E	E	B	L	I	E	S	K
V	L	A	L	B	S	C	R	V	J	P	N	Q	Q	G	B	G	D	X
S	P	V	A	C	O	O	V	Z	G	E	D	Q	F	P	L	K	W	J
E	V	L	C	A	Y	V	J	J	B	I	V	Y	K	N	P	Z	V	X
X	O	Y	P	Z	E	P	E	N	S	I	O	N	M	P	J	G	Y	F
A	B	E	L	M	A	I	C	N	E	D	I	S	E	R	W	J	B	X
U	Q	R	H	S	V	G	V	X	S	W	N	Q	P	T	R	O	Z	R
P	L	I	U	B	F	Y	Y	I	T	W	J	S	U	C	Z	J	X	N

Envejecimiento   **Jubilación**   **Pensión**
Dependencia   **Residencia**   **CalidadDeVida**
Cuidados

Derecho. Vivienda

L	B	R	K	V	C	R	H	R	G	P	I	R	F	H	E	A	A
I	I	H	S	W	F	T	A	L	S	L	H	E	B	Q	Q	R	R
I	B	E	C	P	R	S	P	T	I	F	K	O	N	S	H	K	E
F	Z	B	Q	V	Z	C	R	E	N	L	Z	I	U	E	M	C	X
Q	K	D	K	P	V	D	J	D	H	V	D	S	F	P	A	M	O
L	D	J	A	T	U	V	Y	Y	O	R	N	W	P	E	P	F	G
D	Z	D	N	D	N	U	I	A	G	F	O	P	A	F	N	L	B
C	N	R	E	L	I	U	Q	L	A	Y	W	X	Z	F	M	S	M
G	F	Q	Z	U	V	L	X	L	R	Y	B	X	V	E	W	V	I
A	T	A	O	D	Y	Q	I	U	O	G	P	W	N	U	F	G	U
J	X	C	M	P	Z	U	R	B	K	J	R	Y	R	M	S	G	X
E	E	C	U	H	C	F	U	M	A	F	O	L	P	R	V	Q	C
T	J	E	M	W	B	P	M	L	D	T	P	L	X	H	D	R	E
P	D	S	N	J	A	D	N	E	I	V	I	A	U	W	U	T
S	G	O	T	M	S	Q	U	L	K	G	E	B	T	S	K	J	K
F	P	H	F	V	E	M	M	S	Z	X	D	C	A	Q	E	U	Z
R	K	G	Z	H	T	Q	Q	B	I	X	A	V	S	H	B	D	X
N	T	S	P	Z	Y	Y	J	L	B	N	D	Y	M	P	D	Q	A

Vivienda   **Acceso**   **Habitabilidad**
Desalojo   **Alquiler**   **Propiedad**
SinHogar

Pueblos Indígenas

K	I	S	B	L	K	Q	L	A	F	J	E	N	M	T	D	W	O	E	S	H	K	Q
O	R	X	Q	D	V	S	X	P	W	S	A	V	E	P	Q	F	E	G	Z	Y	U	Y
C	J	Q	P	E	C	H	R	I	A	W	V	E	Y	Q	Q	S	P	I	O	A	B	Q
L	I	H	E	D	I	C	L	C	I	U	C	E	W	U	W	Y	D	D	I	X	B	P
W	I	Z	V	S	H	B	J	J	M	N	S	B	O	G	E	O	B	C	S	Q	P	G
S	L	B	I	I	J	Q	S	L	E	C	C	Z	I	B	Y	A	C	R	O	R	O	N
X	M	I	O	T	Y	X	G	D	G	Q	F	H	G	C	Z	X	A	G	I	V	Z	
D	E	V	N	M	C	J	D	P	I	D	L	A	M	U	X	X	V	K	B	S	P	X
K	P	E	I	E	B	M	Y	X	A	P	T	X	Z	F	X	I	M	X	K	F	P	D
C	Z	C	L	Q	T	P	O	L	E	Z	E	Q	H	V	G	J	D	X	E	T	A	I
I	B	H	F	Q	N	L	H	H	N	Q	F	Q	W	R	J	J	I	J	U	F	E	X
T	L	F	A	Q	F	Z	W	R	M	A	F	W	C	F	R	D	I	L	H	Q	A	Q
S	S	P	G	W	J	T	F	Z	Q	X	I	U	R	E	S	E	R	V	A	S	M	Q
K	C	R	L	M	U	T	N	Z	M	S	R	Q	T	C	N	J	F	T	J	Q	P	V
K	R	E	I	N	N	S	Q	M	H	W	A	R	T	N	R	H	L	Y	V	I	O	N
C	Z	D	Y	O	T	A	L	O	X	T	G	Q	B	B	K	U	G	F	B	R	M	P
A	Y	A	I	M	O	N	O	T	U	A	A	W	J	P	S	C	O	D	C	V	S	G
U	F	R	Z	N	F	E	W	A	Z	L	Z	N	N	E	E	Z	G	A	A	R	I	
M	I	U	O	U	P	G	T	K	Q	I	D	F	O	E	U	O	F	I	R	C	T	V
V	P	T	S	O	V	I	T	C	E	L	O	C	S	O	H	C	E	R	E	D	G	M
G	F	L	R	P	O	D	F	D	T	I	O	R	Y	T	Q	S	E	D	N	P	D	J
U	Q	U	G	I	W	N	M	W	D	X	P	P	Q	Y	P	I	A	C	W	X	R	E
J	A	C	O	I	C	I	I	F	Y	M	N	J	Y	E	T	X	I	X	Y	D	L	V

Indígenas	Tierras	Autonomía
Cultura	Consulta	DerechosColectivos
Reservas		

Nacionalidad

X	I	C	U	S	L	R	S	B	S	C	W	H	V	O	X	L	D	G	V	V	H
V	A	Y	E	K	E	P	A	A	S	D	G	S	Z	Y	B	S	Y	K	X	B	F
C	I	T	E	R	O	L	F	M	L	D	G	Y	D	I	F	J	T	Q	H	U	N
I	N	A	C	T	R	Q	I	V	T	K	I	M	K	L	I	V	P	E	V	Q	H
B	A	L	Y	M	D	Z	G	V	A	Y	C	T	N	U	G	R	I	H	J	I	X
Y	D	O	B	L	E	N	A	C	I	O	N	A	L	I	D	A	D	S	M	O	P
N	A	T	U	R	A	L	I	Z	A	C	I	O	N	E	C	R	E	Y	V	R	M
D	D	X	W	H	D	H	C	O	R	X	S	R	J	V	P	T	T	N	U	Z	U
H	U	C	J	K	S	K	W	H	W	X	M	O	M	B	B	A	O	V	R	N	H
S	I	Q	V	A	U	F	W	S	U	K	S	Z	H	J	Q	I	Z	W	N	J	O
W	C	T	O	L	U	F	R	Q	H	T	M	O	P	C	C	P	G	T	K	M	X
L	G	G	A	R	D	A	J	A	U	B	N	W	C	A	E	E	T	H	D	R	P
Q	A	L	T	D	V	I	G	G	O	T	C	R	R	M	S	R	R	F	G	U	Z
O	I	T	Y	E	C	F	I	N	U	W	G	G	D	O	P	A	E	D	H	U	I
Q	M	C	K	T	X	C	A	A	L	S	I	Y	Y	O	L	Z	P	D	V	Z	A
N	I	K	Z	A	G	Z	J	I	A	M	Z	P	C	I	N	C	I	O	F	N	S
U	Z	Z	R	E	K	Y	Y	S	N	F	T	S	Q	L	A	Y	E	V	R	N	L
C	E	I	X	N	Z	C	Y	I	O	F	J	P	J	J	G	W	V	Y	A	T	M
C	Q	Z	L	B	F	Y	J	P	I	P	U	Z	R	O	N	Z	H	B	U	X	E
K	P	W	O	V	D	W	Y	M	C	O	K	K	D	A	V	W	Z	Z	J	T	C
H	G	A	C	K	E	D	M	G	A	N	M	F	Q	S	F	T	F	L	P	H	H
U	H	Z	Y	S	Y	O	V	M	N	J	O	H	G	L	F	R	X	Y	M	S	O

Nacional	**Ciudadanía**	**Pasaporte**
DobleNacionalidad	**Naturalización**	**DerechosCiviles**
Inmigración		

Derecho a Educación

W	M	S	D	V	G	E	T	O	Z	E	H	Q	X	N	F	A	Z	N
R	L	O	U	E	M	S	L	X	T	L	E	Z	S	E	F	L	H	Q
J	B	P	L	O	T	M	B	N	Q	L	A	C	Y	A	V	F	Z	V
N	D	V	J	Z	V	F	T	Z	I	U	V	S	B	L	I	A	M	E
K	O	N	Z	V	L	F	M	J	I	F	I	O	R	H	H	B	M	K
A	E	I	P	R	L	L	Q	P	R	O	K	N	W	E	M	E	N	P
Z	E	W	C	J	C	V	K	G	A	Z	W	O	H	S	V	T	Z	Q
J	X	Y	T	A	D	A	D	L	A	U	G	I	U	L	B	I	Z	G
Y	L	E	W	L	N	J	J	B	W	O	P	S	G	G	N	Z	N	I
H	W	B	V	T	S	I	Z	F	W	M	Q	U	N	O	P	A	W	U
A	P	W	F	T	S	E	M	Q	T	F	E	L	I	S	H	C	E	X
A	M	Y	A	I	O	F	H	I	W	E	R	C	L	E	C	I	L	P
Z	T	P	K	U	Y	R	A	Y	R	D	A	N	A	C	I	O	A	A
X	N	D	G	B	T	X	Q	L	A	C	J	I	G	C	N	N	W	Z
Z	B	R	N	X	P	A	F	D	U	K	S	Y	U	A	Y	I	P	R
O	X	Y	B	X	B	D	N	D	V	G	C	I	W	G	H	X	G	G
F	Z	P	X	M	S	D	E	X	F	E	J	J	D	E	M	E	X	L
K	U	I	Y	K	H	W	L	W	U	X	U	B	L	Z	J	Z	D	O
F	X	G	X	A	N	X	G	K	A	P	A	E	F	K	M	Y	T	L

Educación
Igualdad
Alfabetización

Acceso
Inclusión

Universal
Discriminación

Asistencia Legal

L	C	U	U	S	L	R	Z	N	S	U	A	P	Y	L	Y	S	H	E	C
H	I	F	K	F	C	S	S	M	L	J	K	A	R	C	O	S	X	B	S
V	X	A	M	N	O	J	J	J	U	X	O	Z	I	D	A	S	U	M	N
W	M	F	U	V	O	O	U	K	W	J	V	L	C	C	S	V	R	R	P
P	C	Q	S	P	Q	I	I	W	Z	D	T	D	C	O	I	H	Q	V	G
X	F	U	Y	A	C	C	U	Q	E	F	J	J	Q	S	T	T	F	X	
Q	O	V	S	V	I	I	A	D	H	T	O	C	X	T	F	S	C	J	
Q	E	F	E	F	B	F	O	C	T	A	Q	G	J	Z	E	V	N	U	S
E	K	G	F	V	G	O	J	I	D	N	F	V	J	P	N	V	W	O	J
M	I	F	X	Q	R	E	U	W	U	B	E	H	C	Y	C	L	I	D	L
U	Y	U	N	A	J	D	S	M	W	D	M	S	L	B	I	R	K	I	L
L	N	E	U	U	M	O	T	Y	I	R	V	G	E	U	A	Q	W	X	D
A	T	T	V	U	I	D	O	J	Z	Y	O	W	W	R	P	C	R	E	X
E	D	Y	O	C	H	A	Q	X	D	Q	E	Q	O	S	P	D	F	J	B
N	Z	U	O	C	Q	G	Y	H	U	Q	C	N	W	O	X	E	Y	V	N
D	U	U	B	P	Y	O	A	X	O	U	O	V	G	Q	N	U	R	C	C
A	U	D	F	V	M	B	O	Q	X	H	H	S	Z	S	L	Q	J	X	V
B	D	G	C	Q	I	A	Z	W	J	M	E	L	A	E	J	S	F	A	H
J	L	E	J	T	V	P	F	B	R	E	V	B	E	Y	C	T	C	B	A
E	D	J	W	G	C	E	G	T	N	H	R	T	E	D	U	D	L	L	S

Defensa   **AbogadodeOficio**   **Justicia**
Representación   **JuicioJusto**   **Honorarios**
Asistencia

Derecho. Animales

F	K	E	B	Y	A	S	K	W	Z	Z	C	N	C	T	U	U	H	R	O	V	X
S	J	H	I	Y	D	S	P	H	I	U	R	G	S	I	G	Q	U	R	R	Y	C
S	M	X	H	P	P	G	B	H	N	W	Z	U	F	W	K	U	A	P	A	O	E
L	I	G	N	B	U	S	O	S	A	Z	O	K	Z	T	L	T	N	D	R	I	V
A	Y	H	N	V	B	F	S	E	P	W	Q	O	M	A	M	S	P	H	W	T	R	Y
V	I	J	K	W	E	G	R	K	G	J	S	G	W	E	J	E	C	A	O	E	R
E	J	P	N	O	R	D	N	E	N	Z	A	V	N	O	T	V	S	C	O	P	D
M	N	Q	X	M	U	R	F	T	G	Y	N	E	P	Y	X	O	I	Y	K	Q	U
C	A	T	B	C	X	R	D	U	L	F	I	I	Z	A	Z	X	D	C	W	A	B
Z	B	O	B	E	M	R	N	L	F	B	T	S	E	T	J	E	H	V	B	O	Y
P	B	Q	U	H	W	X	W	J	A	W	A	V	F	B	L	S	E	S	R	S	Z
U	Q	I	Z	H	E	Q	V	N	W	M	R	H	F	A	I	X	Q	S	R	H	W
J	M	A	N	C	M	W	V	P	X	K	I	C	V	K	A	W	U	H	G	P	J
N	Y	H	C	X	U	H	L	O	F	D	O	N	X	O	T	F	M	W	H	R	M
W	U	A	Y	F	W	R	S	C	Q	E	W	V	A	O	P	D	G	V	H	B	C
J	A	H	G	U	O	V	A	W	D	A	D	L	E	U	R	C	G	A	Q	X
R	R	A	H	X	H	P	E	S	U	V	V	P	R	O	T	E	C	C	I	O	N
L	S	U	K	C	M	A	C	M	V	Y	U	S	E	I	K	A	R	D	L	Q	Z
Q	D	Y	E	P	B	A	Y	O	J	P	O	P	Q	H	B	C	C	R	C	Z	L
F	R	R	O	R	G	I	L	E	P	N	E	S	E	I	C	E	P	S	E	R	P
W	E	D	I	U	K	R	V	V	L	O	H	D	M	O	K	J	N	A	E	G	I
D	G	L	Z	P	N	D	U	F	E	F	X	Z	R	D	U	V	O	Y	B	R	W

Bienestar
Derechos
RescateAnimal

Protección
Zoosanitario

Crueldad
EspeciesenPeligro

Salud Pública

S	A	C	I	T	I	L	O	P	K	G	O	D	A	S	B	Y	O
H	L	S	G	L	U	B	Q	M	S	K	R	D	H	V	V	T	F
J	H	C	W	W	I	A	N	J	M	G	D	X	Y	S	Q	A	N
W	O	I	H	J	C	W	M	P	H	H	G	J	C	E	I	C	W
X	S	T	W	P	O	O	P	T	I	V	I	L	S	G	A	I	J
N	N	N	R	R	S	Y	Q	H	W	B	Z	P	O	D	I	L	M
Z	Q	F	O	P	E	P	J	O	V	L	R	L	A	M	D	B	Y
X	W	R	S	I	C	W	Y	B	S	E	O	A	W	D	K	U	Y
C	P	K	G	U	C	F	X	B	V	I	L	J	Y	D	C	P	B
H	Y	C	C	U	A	A	S	E	M	Y	K	A	D	C	Z	D	T
E	F	L	P	E	S	A	N	E	A	M	I	E	N	T	O	U	Q
S	W	X	O	N	V	C	D	U	T	X	K	S	R	E	I	L	T
N	K	V	O	X	I	I	J	M	C	K	V	Q	W	M	X	A	G
Q	S	B	S	O	P	R	N	S	B	A	H	F	R	V	V	S	R
Y	X	D	N	E	W	D	H	N	B	X	V	U	O	H	J	U	G
D	S	U	F	D	J	B	K	G	K	V	L	Y	S	F	I	G	T
K	D	V	P	O	D	H	D	H	L	T	J	L	U	P	W	Z	A
P	R	C	K	E	B	D	W	S	G	C	H	T	J	C	X	B	J

SaludPública   Prevención   Epidemiología
Vacunación   Saneamiento   Políticas
Acceso

Derecho. Bioética

Q	W	S	Z	Q	Y	B	Y	M	B	L	V	K	E	Z	Q	B	V	W	H
L	D	Y	A	C	B	E	D	O	T	L	O	C	H	M	I	M	T	M	T
L	B	H	U	G	S	F	E	U	D	E	T	T	A	Y	I	J	U	Y	K
M	V	Z	N	N	M	Q	K	U	X	I	N	B	M	N	K	R	S	R	T
F	W	S	C	O	O	J	J	U	Q	G	E	I	C	D	Y	E	M	G	O
F	N	O	Y	L	I	I	P	Q	H	D	I	V	L	D	O	U	O	N	C
T	G	C	P	W	O	C	C	F	G	Z	M	N	R	Z	R	B	Y	O	V
S	G	Q	N	Y	T	N	A	A	O	K	I	E	M	E	Y	T	T	T	F
N	E	W	H	Q	P	L	A	G	T	X	T	O	B	E	Z	L	M	F	A
E	O	D	S	S	X	G	M	C	I	N	N	U	W	U	C	J	Z	H	N
D	B	I	K	C	T	S	O	C	I	T	E	S	A	M	E	L	I	D	V
E	N	E	C	B	U	C	D	B	K	O	S	M	Z	F	G	U	F	P	P
Z	C	O	R	A	U	N	B	Y	W	V	N	E	I	C	V	Q	M	L	F
X	C	U	Y	Q	N	A	B	U	J	K	O	I	V	R	Q	E	A	M	Q
F	S	I	J	N	Z	O	X	U	S	M	C	H	X	N	E	R	P	M	K
O	N	V	U	Z	F	R	D	F	A	L	K	O	Y	O	I	P	K	M	W
E	E	N	D	V	S	X	L	K	U	E	I	X	P	J	I	K	X	Y	J
E	M	C	I	S	N	M	A	N	I	P	U	L	A	C	I	O	N	E	G
S	X	X	E	Q	B	P	X	T	R	K	I	Q	Y	G	X	Y	V	M	D
V	K	Z	Z	K	Y	L	D	I	U	W	M	K	M	X	O	Q	S	B	A

Consentimiento   **Experimentación**   **Clonación**
Manipulación   **Investigación**   **Donación**
DilemasÉticos

Derecho. Consumidor

C	F	E	D	J	O	T	C	I	I	U	X	K	L	D	H	W
E	O	A	A	T	R	I	K	V	Q	L	P	P	V	R	I	I
A	H	M	X	Q	S	Y	C	G	K	K	E	R	Q	W	L	T
G	F	D	P	D	Q	E	Y	R	N	R	Y	A	W	Z	O	D
V	Q	Q	R	R	E	N	V	C	E	Z	M	N	C	J	N	L
Z	T	Z	D	W	A	V	M	S	C	M	W	O	V	Z	D	G
B	I	F	Q	L	H	S	O	G	H	N	O	I	X	Y	U	G
D	J	O	U	A	T	L	Y	L	J	M	K	C	Q	I	K	V
G	P	R	E	D	U	A	R	F	U	L	Y	C	Q	G	O	U
D	U	U	L	C	B	Z	L	T	W	C	M	E	F	G	S	P
C	S	M	I	X	C	O	D	Q	A	U	I	T	Q	R	B	Z
C	A	O	H	L	F	F	L	Z	K	X	P	O	L	X	X	D
G	N	F	F	Z	P	A	I	P	V	K	F	R	N	Z	F	N
E	W	X	Y	Z	A	D	G	Q	Z	L	A	P	R	E	F	G
K	P	F	J	F	J	W	V	U	D	I	V	D	T	T	S	K
C	S	X	V	Y	S	S	O	H	C	E	R	E	D	R	K	G
T	H	G	M	J	D	C	I	W	T	B	B	Z	C	N	V	J

Comercio   Protección   Derechos
Compras   Resolución   Fraude
Devoluciones

Banca Internacional

L	F	T	Z	P	G	K	L	W	U	F	V	O	W	O	E	D	G	C
F	A	C	R	D	H	I	G	K	M	G	L	U	A	S	K	Y	E	S
N	T	E	K	A	F	H	L	U	N	G	E	S	J	O	E	U	E	F
S	I	J	I	S	N	G	O	U	Q	G	R	F	A	R	L	D	V	O
V	F	G	R	S	Q	S	A	W	B	T	F	F	W	E	K	O	Q	G
D	F	D	M	U	O	K	F	Y	W	Z	C	N	B	N	L	O	T	I
L	U	R	Y	J	L	M	T	E	R	F	R	E	R	I	F	M	A	C
V	V	E	B	I	N	A	R	R	O	Q	I	M	D	I	C	B	V
E	U	G	H	P	B	N	X	T	H	E	X	O	C	O	C	Q	N	H
P	D	U	K	L	A	J	V	D	S	M	N	V	Z	D	O	Q	M	L
O	S	L	P	W	J	U	K	E	E	E	H	C	H	A	L	N	X	O
N	I	A	G	G	Y	W	L	M	R	Q	R	J	I	V	E	N	W	P
A	Q	C	G	P	E	M	Y	V	T	S	P	P	U	A	A	I	C	N
T	X	I	C	G	T	D	E	E	D	I	I	J	Q	L	S	S	Q	X
K	I	O	J	J	X	C	Z	Q	M	Q	M	O	B	O	I	T	V	U
Q	R	N	X	Y	D	X	Y	K	D	R	J	U	N	C	U	L	I	O
V	A	K	L	P	F	Q	L	G	R	X	B	F	R	E	P	R	U	U
A	A	H	G	E	R	O	H	S	F	F	O	V	G	S	S	Q	E	E
N	F	O	U	J	C	D	P	C	O	X	A	E	V	F	U	F	F	S

Offshore **LavadoDinero** **Regulación**
Inversiones **Transferencias** **Préstamos**

Banca de Inversión

H	F	O	E	Q	R	M	K	Q	I	J	T	L	T	Q	X
D	I	N	G	E	X	F	Z	V	G	S	Y	S	F	W	Z
X	A	L	Q	G	O	U	R	G	A	U	V	J	J	T	J
Q	U	I	N	P	T	W	O	N	E	Z	C	O	C	N	D
K	K	L	C	S	A	E	Y	Z	K	Y	W	T	A	C	H
U	H	O	J	N	O	I	C	A	L	U	G	E	R	O	Z
P	R	R	C	E	E	G	Q	H	N	M	J	V	T	N	X
X	C	Q	Z	X	C	T	L	I	F	O	B	X	E	S	N
K	H	C	D	K	V	E	C	D	N	W	E	L	U	H
F	X	Y	H	I	R	I	U	P	J	O	H	P	L	M	S
D	D	F	H	F	B	F	K	G	M	P	I	Z	I	I	L
U	V	R	T	Q	Z	H	U	L	S	O	G	C	Y	D	Q
B	E	U	J	D	E	P	U	S	H	L	C	Z	R	O	L
W	O	T	Q	T	E	S	H	D	I	I	X	Y	E	R	R
C	E	W	U	Q	G	K	C	R	J	O	Q	Y	C	R	Z
Y	F	J	L	Z	G	O	A	E	O	X	N	N	N	D	V

Fusión   Monopolio   Competencia
Consumidor   Regulación   Cartel

Derechos Humanos

```
H E F J H S S O P X Q E K O F K C A J W
N M N K P K O T B N W J Q F B S C Z Q M
F D D J X I G G G H K S R P W Q R F Y Q
A A C A X C D P X O B X G X Y D R S R G
D E D O D L B T D U X Z T V W M X P Z T
Q Y C E L I V I C J M S B W J X D W W G
V G Y M R B N S F N J Z R D T W Y K I A
U Y Y H I E K G D U U E C W M D P P P I
J N V M J R C V I A L V N G E Y V Y N R
S G B I Y T Y H R D V P P R H Q T Q N S
A W K P A A B T O I X S E B F W T X S H
S F O Q M D I V L S L C A W Y Q G E M N
D F C B A Y M N Y G H F E K X C T C G N
W S R Q C B X J L O F U J M Q X H O Z O
R I D I F G L X S V X U M V W J W M O L
A F K L C G Z W V D A D L A U G I V G J
S I Y T O T I H J W R B G T N U X X J Q
T S U W U M V X Z E O T A B H O W G Y N
F I O Z O O X V F G V C I W Q M S C Q T
C R E K L Q H U F C B J U S T I C I A P
```

Libertad	**Igualdad**	**Justicia**
Dignidad	**Derechos**	**Civil**
DerechosHumanos		

Derecho Penal

```
H R W O Z J J W F T P N I X
F H Y Y D E L I T O X T B Z
B E M A D A W Y P N F I K Q
F B N L I P S R H L N K M A
Y L G C M C I U T O J G N F
Y K Q R T S N R C O G P J M
J J P S I T Z E Z A D W Q M
B R X O L A N S T C I S V U
I Z N E L T E S U N C U J Z
J O F L E E S Z C C E U S L
M B S C U L P A B L E S J Z
U B S A X X T H I Z E N A O
G A N M B Z J Y S D D E A V
C D J I O O F C C I O N N K
```

Delito	**Acusado**	**Juez**
Culpable	**Inocente**	**Prisión**
Sentencia		

Derecho Laboral

```
U X K A V R P T Z Q R G D J E Z
J X D D Y Q L V Q S V J O A D K
Y Q K Y B G F Z F E B D D F H M
S A L A R I O C O N T R A T O U
H A M N S P T T Q O E A E U Z B
G B V F T Q V R A I K C L T N B
G R U Q K F U A L C A E P O T H
W I C S P F V B H I I C M U W C
S T R G Q W W A M D V D E F N O
N L L X G W N J W N N R N L D O
E D H R E D Q O C O W S Y I M Y
U B K F E M K P G C A L P O S Q
D R P E V P D Z D Y C S D C E J
V S W D L F C R R I E V P G N Z
O T O N S E A R O D H Y Z R Z X
K P J D A H S O Q S R G N N T Z
```

Contrato	**Empleado**	**Despido**
Sindicato	**Trabajo**	**Salario**
Condiciones		

Derecho Civil

```
H X A K C P J P Z M B E H W S O G
I Z Z R F H V K G H W E W A Q Q C
P M T X Y X D T C J F G G V I H X
K B S Z Y T F F B L H B Y K R U D
O T J U B V T T E R P Y S G A A M
Y B Q P Q O V I T T N J H L D O F
R F L P L J W J Q J N R O E Q I R
P F M I W F X Q O A W M I B A G F
D V I M G P H A A B A P H F N W I
I T E S T A M E N T O M C Z H I E
V D V J C N C Y R R P Q E G J N N
O Q M V E H X I P E P X Q K F L E
R Y C N I W M R O W N I N M P E H
C X B S D O E G R N X C M H S R D
I J K E N U O Z V T E R I T P E Z
O B C I F R E S P D E S M A I T V
Q B O T A R T N O C L T A F B S F
```

Contrato	**Propiedad**	**Matrimonio**
Herencia	**Testamento**	**Divorcio**
Obligaciones		

Constitucional

```
V U U A H O T M J O W K Q E J Z R
J U R I S D I C C I O N X B J H Q
N O O B H H B J U Z V A C J B O Y
X R R O G V M P M B Q O K S O S X
B K R E N W A L A T N R D O M T G
W A R P D R A B E S N Q U H B F S
A K T P A O E A T V M C R C V Q G
C P W P A X P I A E C H O E X S B
A T X X G V T N B T D J O R Q Z Z
E B R O W U O A X O X T S E J U X
X K B O C L Q D B Q G X K D O U U
M U Y I L L U A Z J B D T T N Y E
J J O V B J G D H L A R E D E F L
I N Y A F E Y U U D P B J C J T F
K B D N F P U I U C B S M D J R E
D G D Q L U L C B N R N F E W D U
U D Z H E W N L C B M T D V Q I Z
```

Constitución   **Derechos**   **Gobierno**
Ciudadanía   **Jurisdicción**   **Poder**
Federal

Internacional

```
L T A N F V J J W F R X W N W C A X F Z
P F F P J V A K C F A C K K N A Q U I V
E C O M Z J K J O O Y X U B J T A O X S
C B O O Y E B O N L J U H M L D V G I G
W Y N W W U W M V S L C X C W I Q C W F
Y B Y S D O J K E W J R X H C V V U G U
H T L Q A I A E N F H P D Q E S K E E L
I O R X W V P F C F G G V Z G P P P N F
J W Z K F G L L J M H O B M O Z W D S
J D Q A L X H B O Z H X R M Q N A L T S
X K K K K C J D N M F M G F T Y A Y I P
X O M M P F A N V A A H A O H Y Z F I X
V U D C V T I O Q L N C N S E T H O L M
D L O Y A S W W T I V U I N E R Z Q T U
P C A R J L I G B Y D C Z A B R A W T F
W Q T B G C K Y U A I N A R E B O S A J
R Y I O L D V E T O Y K C T D X O K S L
N N H E N T V D C E F G I L Z W B D P V
A F S H S O N A M U H S O H C E R E D G
X G L Q N S O T C I L F N O C E F X A K
```

Tratado   **Soberanía**   **Diplomacia**
Conflictos   **Convención**   **DerechosHumanos**
Organización

Derecho Mercantil

```
I J M Y Q K J S H Z E J S F D K
K Z D J O C Z T F V E K S M N E
L Q I Z T T J A P N H B Y J V M
I K K F Y V A K R T O V B L H P
A S Z G N O B R Q B V K W C I R
C A S L W N R E T F E O E Q S E
Z Q A C F Y B D F N W I R M A S
E F P G T Y F A I P O O U S I A
E Y V G W M U D C R T C U Q Y E
K P V Y X C B E R O A A H O F M
N B K L W O B I G P M U I D Q E
G U X L T V N C G I Z E P O Q Y
I N V E R S I O N E S P R Q H A
G B H E Q I A S V D I O J C Q L
O P Y D J S U C M A B L T Q I X
P L I X P M H H F D W Q F V N O
```

Comercio   **Contrato**   **Empresa**
Sociedad   **Quiebra**   **Propiedad**
Inversiones

Derecho de Familia

```
Z C U S T O D I A T Z S K S U W B P D
O D H W U D W K H B A I P V C H I U F
Q Y W I M Q I M R L N X D O W Y G W S
K A K A U X S V F A F Y A P M H L N Q
J B Q B V G V B O T X P T R B M K G T
P G U S P C V A L R W D S C V R I G R
T W H L Z K O O K Y C T E M D Z O T C
O Z Q F X C C I B W W T H R A T K M
T J E A L I M E N T O S O W D O M O H
T K Y V Q B F H C O M P P B J R T Q Y
J K P G I Z D O F G M O A N S S R B R
O D E M D P K X J B K I I D I K N T S
F L Q F R E O J V J Z J R R M O P V X
Z R N O U M Q Z E G F M T T I F X V Z
M W Y J L Y M Q F Q N G A C A N H H Q
E L C R H E R E N C I A P G J M I R C
V J H D G P W V N E B O Z X L Z H E S
Q P J A C T F N T J D O U P H R J K V
Q P N F T M U J T A W H K L S V X F K
```

Matrimonio   **Adopción**   **Custodia**
Alimentos   **Divorcio**   **Herencia**
PatriaPotestad

Derecho Ambiental

L	P	M	A	K	R	Y	T	L	J	S	Q	R	D	U	U	S	L	W
R	Y	Z	P	C	W	W	C	E	F	J	M	B	Q	O	N	I	Z	N
K	L	T	P	Y	U	G	Y	X	C	I	Q	R	G	H	P	J	M	B
N	Z	A	W	E	R	Y	X	G	N	O	R	M	A	T	I	V	A	S
O	O	J	D	M	G	H	H	U	K	M	S	E	L	E	R	V	P	D
J	G	I	L	D	E	P	P	V	Z	Q	Q	I	Z	E	M	O	M	I
A	W	N	C	I	B	D	M	Z	M	C	G	N	S	D	R	E	P	L
C	H	M	V	A	N	O	I	C	A	N	I	M	A	T	N	O	C	A
V	Q	C	I	E	V	O	Q	O	N	P	A	F	P	L	E	R	H	R
V	K	F	M	U	S	R	H	W	A	R	K	Z	V	D	P	M	Z	B
W	I	S	I	S	Y	K	E	C	K	M	J	F	Z	G	C	T	A	J
F	Z	H	H	O	G	L	Q	S	N	M	B	J	M	D	G	C	Z	X
B	K	L	E	S	O	S	T	E	N	I	B	I	L	I	D	A	D	I
C	P	M	K	R	Y	I	B	K	I	O	O	G	E	S	R	J	Z	C
I	C	F	K	U	B	F	M	Y	N	G	C	A	M	N	R	A	B	K
B	L	D	B	C	G	A	O	D	K	Z	K	L	M	U	T	U	P	Y
Y	P	H	T	E	W	K	S	A	H	E	H	Y	O	P	I	E	Z	R
I	D	Q	G	R	P	T	G	R	B	S	G	A	S	P	U	T	C	Z
O	O	G	L	H	V	G	H	L	N	Z	U	I	K	U	G	S	M	Q

MedioAmbiente   Sostenibilidad   Conservación
Contaminación   Ecosistema   Normativas
Recursos

Derecho Administrativo

S	Y	K	D	A	K	F	E	Y	H	B	U	D	U	E	L	N	P	W
I	Z	H	J	Q	J	Z	A	Q	S	Y	K	U	Y	K	M	G	L	U
E	R	O	E	R	W	G	C	P	N	P	W	F	K	Z	H	W	E	Q
I	U	I	X	K	U	I	H	D	O	V	X	P	Q	V	O	H	Z	N
L	J	N	O	B	P	J	L	V	I	M	I	K	N	U	W	U	F	O
A	O	H	L	F	L	I	Z	F	C	U	P	J	H	W	I	K	T	I
R	F	O	J	Q	C	I	B	R	A	F	I	H	C	J	I	N	K	C
S	E	U	D	E	T	F	O	L	T	M	O	F	P	U	E	M	N	A
F	W	G	N	E	X	R	M	W	A	E	P	S	H	I	G	U	T	R
I	T	C	U	C	Y	F	X	G	R	U	T	A	M	H	X	G	K	T
W	I	L	L	I	C	T	Q	T	Z	D	I	P	B	O	N	T	S
A	F	H	X	G	A	O	G	K	N	G	D	C	L	R	N	H	K	I
V	T	X	X	M	V	C	N	Z	O	E	S	A	I	Y	P	H	S	N
K	H	T	U	P	A	W	I	A	C	L	I	R	K	M	C	E	R	I
Z	A	V	V	U	N	M	T	O	R	M	G	C	C	J	T	X	Q	M
M	R	B	R	L	L	I	R	Y	N	I	D	O	Q	N	S	Q	V	D
O	I	A	A	Z	Y	P	K	M	W	S	O	R	M	E	C	R	A	A
A	F	B	O	J	W	Z	D	Y	S	C	B	U	T	T	P	O	L	S
K	O	S	T	K	B	C	Z	V	U	F	H	B	V	Q	Q	U	L	D

Administración   Regulación   Burocracia
Funcionario   Contratación   Procedimiento
Licencia

P. Intelectual

E	F	P	R	T	Y	B	A	K	W	P	W	Y	G	M	S	V	A	H	J	A	W	P	I
E	L	O	M	V	O	L	O	H	D	O	N	B	Y	J	E	H	Q	N	O	E	E	J	H
R	Y	C	Z	C	C	E	U	B	P	D	N	N	D	K	Z	G	P	L	K	D	U	M	J
T	W	J	I	B	Q	B	M	U	H	U	Z	D	Y	U	W	V	Z	E	V	N	I	N	E
Y	T	N	W	W	R	N	H	R	E	O	P	C	K	L	G	V	H	Z	W	D	Z	W	P
B	L	S	G	N	T	H	O	J	W	O	S	B	N	W	X	S	T	C	G	E	W	A	X
Z	N	G	A	V	B	C	X	I	T	I	O	T	P	L	X	I	D	Q	N	V	H	X	C
I	L	F	B	F	S	L	B	P	C	Y	D	C	W	R	N	C	E	C	H	J	I	B	T
D	D	C	D	K	G	U	S	L	F	C	A	D	T	H	G	I	R	Y	P	O	C	I	R
Q	F	J	C	Y	R	T	L	N	G	O	A	V	N	F	B	P	E	Y	J	Z	M	Z	O
M	Q	V	R	N	U	E	W	R	U	G	D	R	G	V	K	K	C	Q	V	T	A	X	K
P	C	R	N	J	C	D	L	O	K	X	H	T	F	J	X	Q	H	Q	H	X	I	P	Q
K	N	I	W	G	E	G	K	Q	D	T	E	R	V	N	I	N	O	R	L	H	R	M	B
P	H	E	C	B	E	J	T	N	G	E	M	B	O	A	I	A	S	K	H	Y	E	S	G
Q	E	S	X	D	C	Q	N	S	A	B	Y	F	A	P	S	N	D	Z	C	C	T	Q	L
I	N	C	N	X	Q	X	W	M	G	V	C	U	Y	A	C	N	E	V	Y	Q	A	Z	E
P	R	O	P	I	E	D	A	D	I	N	D	U	S	T	R	I	A	L	S	Y	R	B	D
X	K	Z	F	D	A	R	R	X	Q	Z	Y	T	N	E	A	Y	U	H	I	U	I	E	X
G	T	G	D	B	C	L	V	I	Q	M	C	L	X	N	R	S	T	I	C	B	P	G	N
M	M	J	U	A	A	I	P	M	Q	Q	H	L	G	T	S	E	O	Q	X	E	N	D	Y
K	C	F	N	C	F	F	R	F	Y	L	M	H	X	E	L	C	R	N	I	T	X	C	R
V	S	V	H	X	E	A	U	G	Q	N	X	J	T	M	D	B	W	U	B	Q	J	W
D	I	W	R	N	E	E	E	R	U	Z	F	W	Z	D	I	G	N	B	V	U	N	I	U
Z	Y	S	J	V	X	J	E	C	H	O	D	Q	U	H	A	T	N	T	Y	K	U	S	D

Patente   Copyright   Marca
DerechosdeAutor   PropiedadIndustrial   Piratería
Infracción

Derecho de la Salud

I	S	C	E	I	B	M	H	W	Q	K	G	L	H	L	W	D	X	J	W
B	E	D	J	R	U	F	B	Q	F	V	X	S	P	P	G	O	B	I	E
O	G	U	O	O	A	W	C	C	W	M	H	X	X	X	X	V	D	C	R
D	U	L	U	L	E	T	O	B	H	G	W	P	O	H	R	V	V	D	J
A	R	C	I	I	T	U	K	T	D	C	B	A	S	U	X	L	D	T	Y
D	O	T	N	E	I	M	I	T	N	E	S	N	O	C	G	Q	O	B	A
I	M	P	W	B	C	K	Q	F	K	E	B	J	Q	H	K	D	Y	W	C
L	E	T	J	M	A	L	P	R	A	X	I	S	A	Y	V	M	I	K	X
I	D	H	D	C	M	S	E	G	F	V	R	M	O	Z	P	P	J	M	L
B	I	N	J	Y	E	W	H	E	O	T	P	J	A	S	M	T	V	U	U
A	C	V	E	F	D	T	S	L	Z	U	W	U	A	T	D	P	M	Q	L
S	O	Z	E	A	I	L	V	V	A	T	E	I	G	C	A	R	D	J	Y
N	U	O	J	F	C	R	S	Q	B	T	T	C	L	S	J	R	X	Z	J
O	I	S	I	L	A	L	F	D	N	O	Z	Q	F	Q	W	V	T	E	B
P	I	T	D	J	P	B	I	E	X	H	Q	E	U	Z	A	K	Y	W	A
S	N	Z	O	Y	O	H	I	B	D	C	N	M	F	M	O	S	P	E	Q
E	O	A	C	D	O	C	J	G	H	L	G	K	L	Z	S	O	C	M	C
R	I	E	K	N	A	P	R	J	U	X	D	F	X	F	T	P	N	B	X
E	E	P	H	P	B	F	Z	G	V	Z	X	Z	K	T	I	O	D	X	A
A	A	E	O	W	H	K	F	Z	V	V	E	Q	N	A	D	E	X	F	X

Consentimiento   Ética Médica   Paciente
Responsabilidad   Malpraxis   SeguroMédico
Tratamiento

Derecho Tributario

Q	J	M	N	J	N	Z	C	L	C	B	Z	O	O	U	G	R	C
G	D	N	L	Z	F	O	I	Q	R	M	L	K	S	X	T	D	P
T	S	O	T	X	Q	P	T	J	L	O	X	O	B	V	M	C	X
F	B	I	I	X	M	U	C	M	V	N	L	B	E	X	D	C	F
T	V	C	K	E	J	W	A	D	B	J	A	X	C	F	U	O	V
E	J	A	B	T	M	M	U	L	Q	N	E	M	L	I	U	G	E
O	E	R	G	N	L	Q	D	W	W	N	J	G	J	S	B	U	V
K	U	A	T	E	P	L	I	X	C	K	F	C	M	C	T	T	B
Y	Q	L	Y	Y	T	S	T	I	M	N	O	I	S	A	V	E	C
U	M	C	X	U	R	W	O	L	M	K	H	Y	Q	L	C	C	Y
U	Y	E	W	B	P	N	R	T	Q	U	L	G	K	Y	P	R	T
G	O	D	W	I	C	L	I	P	S	Z	F	V	E	L	W	A	B
Y	F	U	E	R	O	W	A	F	T	E	X	G	G	G	L	Z	K
K	I	R	J	T	W	Q	P	M	J	N	U	Y	F	G	A	U	B
M	Z	I	T	N	X	R	E	V	N	R	K	P	Y	R	T	Z	P
U	H	K	R	O	N	G	W	O	G	H	W	D	M	N	U	O	M
N	V	N	N	C	O	P	K	N	I	G	V	Z	C	I	Q	Q	Z
M	F	M	J	V	V	X	Q	A	N	K	H	P	W	Y	K	M	C

Impuestos   **Contribuyente**   **Declaración**
Auditoría   **Exención**   **Evasión**
Fiscal

Derechos Humanos

J	B	N	X	E	L	S	A	P	X	O	B	S	T	S	V	O	I	W	M	X
W	S	N	A	S	G	K	M	B	E	A	N	G	O	A	U	X	B	X	H	O
L	N	C	L	C	J	X	J	D	V	A	Q	O	V	Y	Y	M	Z	E	I	G
H	P	V	G	E	O	E	T	Y	Q	M	E	Q	E	A	J	O	M	D	E	W
X	F	A	W	V	A	P	P	H	R	T	J	G	S	N	N	L	G	N	E	V
U	J	U	R	I	S	D	I	C	C	I	O	N	E	C	T	Y	O	F	R	D
J	T	X	Q	R	Y	C	L	A	L	W	S	Q	L	M	V	C	D	B	T	R
U	S	F	U	Y	E	S	R	Q	O	D	Q	Y	I	V	I	T	A	Y	S	U
D	Z	T	G	R	P	U	G	Z	S	W	K	P	V	D	V	J	I	G	B	Z
X	A	V	X	I	T	H	G	M	Z	C	F	C	I	S	C	Y	G	W	X	O
Y	N	R	O	R	I	Q	G	E	Q	W	P	O	C	W	H	I	U	Z	T	G
Z	P	I	O	M	G	B	I	E	D	B	D	N	S	P	N	Y	F	D	H	K
V	H	T	W	B	T	U	M	Q	N	S	Q	V	O	D	N	U	E	I	Y	L
O	I	I	A	G	X	X	Y	G	T	A	E	E	H	G	Q	W	R	Z	F	P
Q	O	B	E	G	Y	O	V	T	K	Q	X	N	C	I	X	Q	S	K	B	G
Y	U	D	G	F	J	C	Y	I	W	U	F	C	E	K	G	I	N	H	E	Z
H	U	K	U	Z	H	D	I	Q	H	Q	S	I	R	M	Z	G	S	V	O	E
V	D	Z	V	T	F	Y	L	T	S	W	J	O	E	S	I	T	F	X	E	S
M	I	T	T	U	J	T	K	D	M	X	P	N	D	S	I	R	X	S	F	V
Z	I	C	H	D	J	Z	B	P	J	B	Y	B	R	X	H	T	C	C	Y	I
L	U	T	F	N	H	J	D	W	T	D	S	W	F	A	P	L	N	J	F	B

Tortura   **Genocidio**   **Jurisdicción**
Convención   **Refugiado**   **DerechosCiviles**
CrímenesdeGuerra

Propiedad

D	C	T	K	K	Y	S	Z	X	D	X	Y	K	I
P	E	I	E	T	R	C	R	P	W	Y	K	I	R
A	S	T	G	X	D	U	W	V	W	V	J	M	J
Z	U	U	J	F	D	F	R	C	X	P	X	E	U
R	U	L	A	T	J	E	X	K	Q	X	B	Q	M
I	E	O	P	H	G	O	E	I	V	A	Q	W	V
F	N	V	T	I	U	K	N	F	R	Y	S	H	F
R	J	H	S	C	H	M	T	M	R	Q	T	I	F
N	W	T	G	F	U	W	U	F	A	O	E	P	R
E	R	A	L	E	C	R	A	P	Q	H	E	O	K
O	M	R	B	H	U	V	F	J	A	K	T	T	N
N	M	L	X	U	H	Z	Y	U	I	B	A	E	M
O	E	B	U	I	S	J	J	H	S	X	R	C	Q
U	V	P	U	E	S	C	R	I	T	U	R	A	D

Inmueble   **Escritura**   **Hipoteca**
Usufructo   **Título**   **Parcela**
Registro

De Familia

B	L	W	T	R	N	Z	D	G	H	D	V	V	Y	A	U	T	F	M
K	G	Y	J	W	Z	O	V	H	X	D	W	L	J	D	U	C	I	W
S	Z	H	Q	Z	K	W	Y	T	X	C	N	D	H	M	X	N	J	O
Z	I	V	M	L	S	G	E	X	S	I	O	M	O	L	R	R	E	G
D	Q	I	J	G	B	D	M	X	R	B	C	Q	A	Y	N	I	B	K
F	A	G	W	M	S	O	M	K	D	H	C	O	I	D	F	Y	S	J
S	B	T	A	W	O	G	I	Z	R	X	Z	S	C	A	R	F	W	M
X	O	S	S	J	K	F	X	C	O	Y	M	D	N	Z	P	W	B	A
X	P	T	F	E	U	T	Y	G	R	L	W	W	E	D	E	B	W	B
U	P	M	N	D	T	S	O	I	N	O	M	I	R	T	A	M	M	O
Z	U	S	E	E	L	O	F	J	F	X	V	O	E	M	L	N	V	B
S	X	R	C	M	M	J	P	H	N	Y	O	I	H	J	I	B	G	U
D	B	N	U	X	O	I	C	A	O	U	L	Q	D	E	P	S	P	I
P	Z	K	U	U	P	H	L	A	I	D	O	T	S	U	C	R	H	L
Z	X	F	I	K	R	J	P	A	C	R	F	J	X	V	T	T	Z	K
K	E	R	D	E	E	L	Q	Z	P	K	T	Q	C	B	B	K	Z	R
V	J	H	D	E	H	Z	B	M	O	N	Y	A	S	Y	H	T	U	R
V	K	B	B	G	G	E	I	T	D	S	W	C	P	U	X	A	Y	M
A	T	D	B	R	O	M	Z	H	A	S	T	E	T	K	W	X	K	Q

Matrimonio   **Adopción**   **Custodia**
Alimentos   **Divorcio**   **Herencia**
PatriaPotestad

Derecho Informático

```
L Q T B Y O T S B J U E O B G H O H Q C F A V I
D C D D D J K H W Q S D Q H R N F Z X O K X T Q
L U F E P S M Y K Q F H P R I V A C I D A D H W
Z X T W L W P J G R L F E G S B V W L T C U L Y
A O V B I I T X K W B Q J J A O C W H U L D X P
A U O X W A T B Z Q K K K S S V K C R N S A T W
A G G M Q B U O V O K O I I N K N C G L G D Z G
D A T O S P E R S O N A L E S V N D P X K I W X
Y M Z B S T L L E C F J E O X I S E J L L R K C
L R K B Z B L U K N I T M I A O W R Z N F U P Y
P S I R S R E D K G W B R E P W O E P F H G Y A
E O G N J X Q G E K P J E K D J D C L G W E G B
C Q C H T V K J D K C I X R X W C H F B E S T T
S Y M V L E Q R Q L B G R B N L L O W I H R E G
K F B S K Z R J K Y H Y I A W E O S M Y M E C G
X Z H G T J C N X Z L V D L T K T D H T L B Q Y
M J W L I Z X Y E T E E W B Z E Z I O G X I E T
K A X B E S Q O T T B N S Y H O R G C O A C K O
P P C E N A Z H T C D K E B E Q H I Y O T T L G
M R M N H D E D I L N Q X Z O G F T A M S I X O
O C F W G N A R J D L Z J P D R A A V K D Q Y Q
G V G X O X O J J G X K F G I Q D L M U M E Z Z
P I M T F C C H V U U X P I X Y G E S R P Q S N
Q I W A A J O I K N D Y N U V Y X S I U X W M L
```

Ciberseguridad   Privacidad   Piratería
DerechosDigitales   Internet   Datos Personales
DelitosCibernéticos

Derecho Aduanero

```
S F C O T F G F H X E U S B Q W X
Q V O I A F Y W L C J Q H S T T J
I V E O A L S M H K T C J N I A N
W R M X B K P L A A Y M Q M L Y D
Y D E D P E G G N J X U P Z P J B
J Y R G Y O R I A R W O J E K N F
B L C U U Y R T U H R V C F B K R
N D A O E L P T D T J A X X V N J
I A N C G I A R A N C E L E S L I
N H C O S Q J C Z C J N Q O G O J
H A I M P E I F I G I X A M Z C Z
S P A E J O B W T O N O F J R N E
X M S R N U J W U O N P N N U M Q
Q C R L U P X U X L E Q O C S F
Z K M I S Z U M A S K T S W R K P
N J R O L X F O E S T B O E S C Y
H Y E B W C R O J L B A T U P X L
```

Aduana   Aranceles   Importación
Exportación   Comercio   Regulaciones
Mercancías

Derecho Notarial

```
G A I O V Q H O B W A W N F H C Q X
P R O T O C O L O R Z V L X B D X H
C U S H B O V M U S N V M Z O T A C
H T H Q B P S P T N V W V T H T Y G
R K P V F I R M A O Z K N T P L S H
D O F F Y A L K T I P E H N O T A F
E Q G K Z U Z E A C M E V R R Y K A
C O B J D O U H I A G A V L L K L B
X A I Y M Q V H T C R F L T G Z T E
Z K V R X N H S U I Q Z Z L J K Z J
L Q U K A C E Y N F A Q K U S D E Q
R Y B I T T Z M Y I P C G Y B D Q C
O C H M P B O P O T J M T I P L N F
S S T P X X E N C R L P H A D I W X
G R J U A R G I U E R V I G N V F Y
Z U G I C X V G J C C T Z C T I G C
S F F O Z N R R K Z U F V J V W F T
U U O I P U B E L M J A R P O Y R U
```

Notario   Testamento   Protocolo
Acta   Copia   Certificación
Firma

Penal Internacional

```
A V J Y I A T O N N P N V S J U E O G J K
Q C Y U C D D M A Z P O H V E O X M T U C
N S R F R V B W W P E H K N O S K E L Z Q
Y O T I I I I Y I F T J Z P C W D V K C D
U D C C M X S R B F R X G V Z G A T A R D
N L D Q E E Y D J Q A U X K N J K Z Y V L
K K C I N W N K I C H C P D B F L J Q T Y
T P D L E X I E E C B O T Z L V W R M F P
V C R I S P E R S E C U C I O N D W P E H
J T P Z D P G U T T R I B U N A L H I P L
M J Q Y E H L Z A F M O O Y K C U F D T I
K O D P G P L W T R O V C N T N R Y P E V
R P Q H U F S T U I M I E J K T Z I I M V
H Y I Z E M Y V T S F U D E R Z G L B Z Z
D R A V R M Z B O Y D Z T I D W Z U Z H Y
V O D R R I T S O I Z S L F C O P S S N C
H C V F A C C C I E L S S F F O Y Y G V I
E M T I S Z T M P B P V E N R P N H K L R
P V X F U R C J I W F B I I R W Z E S V Z
M X L O H D G S E M C M N Y Z I D Q G V Z
K M D J S T P B S H L I W A C O Q Y K C G
```

Crímenes   Jurisdicción   Tribunal
Genocidio   CrímenesdeGuerra   Persecución
Estatuto

Internacional del Mar

```
S I X Z L J P G V R B Q Q E T M E A Y K M S Q F E
E W Q B N K M Y I E I Y R T U F L H G X M T E K O
P L Q M I O M T Y S J F U C L M J N W V N J I A V
X I N U T M E G S I R Z T O R C A O Y O W E L I J
K P N Z P N V K V Q S Y L O K L D I I A T U U O U
Z W S H H U J F T I Q Q M N O U C C G W E J U V N
B D K Z M V M V O E S A O A J L A U J Q U Z Q F R
D O P F T J E Y E G C I S J F N A A Q R T P N X X
Z F H G E E J H W M C H T S I S M B C X I H Y L J
H H Q B R G S V Q A C L W M I T J J Y Y E U X T S R
C Y M L K X S M G C I I A N P J R O D I I Y I H J
X Q X J T L P E P I H T T E R R I T O R I A L R J
O S C B W Y V N E M N E E I Z X F A J W W M D Y N
W M Z O K A O G S O R Y O D V U C H W F P T Z W E
D X S P N X T X C N N X L R W W A E C J P X G V Q
C F P X K T I L A O J A R J V Y O X W O O L V S D
C H X V L Q I C O C D R L U I U M N M Y V S L H U
X R D T Q O I N M E O I Y C Q Q L V J S Y P T R W
N E Z E X O Q P E A E L C J H G P N K P W N L G G
Q P P X N C D J C N N M I M Y I J O Y R A O P J G
T Q W A K J T H K O T W H G J N K Z E C W C K F C
E Z L S F R R I M Z I A Z E V Z O G Z Z F W W X E
I E W J K O M V J J B S L G E R Y E L C X B G L M
S A C Q C M V A P V H Y K C X X T C Z D Z L S I F
P V E I I H S H V J T P A L V J P G J V L O K W M
```

ZonaEconómica   Territorial   AguasInternacionales
Navegación   Contaminación   Pesca
Continental

De la Competencia

```
I A N Y T K O I L P H A S D H J O X B F T E A
R M P D G I J G P E D F Z S Q S L G H C G S P
A O Y M C P X J X B L A F I N Y W Q P N X Q L
T W Y W T F W C L R R H Q F V I P W Y O D O T
O H Q U O A O J T V S I Z P Z G W S A I F G L
T Y C I R B V L I Y I K T L Q L M G K C G J U
G B H N Q L B B G T A X Q I S S S C J A W P D
W I A O P G N N S O H J T V L K Q S F L F F J
A N T I M O N O P O L I O I J H U L I U K Y F
O O M L C J D T K X O R L C X T S H S G P S P
C Q L O F N L P W P P X I J A Y B I W E D D S
H U K P A W E B T N M G J W R X O G O R D Y M
P P X O T K T T G I L S O E V N E V I R I L O
M O H N W J R Z E L W Q R P T U D Q L Z J S X
C Z V O M F A F F P D L G O Y W P Z W B B G D
P U I M J S C U G B M D B E U C O U Q X U Z X
Y B F B S J O F F C A O G Y M W Z Z F L T D Q
A N Y N S Q N C I A X M C T T W K S D A E D V
H F A W M H Y E X S W U P E M X M N Z R U P S
N S I T U F M H O S G Q Y A R C J S Q K U U F
M U V C Z X B T R P Y F E G P B G H F X A X Q
A P W D Y J X W G I X X M X R I F F B L H X
C O M P E T E N C I A D E S L E A L J H L Z R
```

Monopolio   CompetenciaDesleal   Antimonopolio
Fusión   Regulación   Cartel
LibreCompetencia

Derecho Sucesorio

```
D W B J B G V J P K B E S O V
V P L H U U M N I T N D A M O
C X O E H N O E Z O C Q T R Y
V F J J N O M W D C K L E D X
Y L G O Q I I A S S C D S W Z
N F L X J S G N Z U E M T W B
L K K U A E U G O R P T A J L
W X M H L C N N E M W H M Z L
G W L P A U Y H H H I E E L L
L A Y V V S D T D S A R N R B
D E A H J T L G T L U E T C Y
C Q K D Z Z W J T R Y N O A V
D J J E X J F F W K T C C E P
D P U H P Y L E G I T I M A Z
I O B M U I A C G M R A G J Q
```

Heredero   Legado   Testamento
Herencia   Legítima   Sucesión
Patrimonio

Derecho de Consumo

```
K Y I O V R A O T J Y I I P B G
T I P L T M K E W K P H B C A C
Q H C F U A R S S G R U I E A F
J D I Q Z U R B O H O F Y B W T
L M G A R A N T I A T V B T O W
C P N A R K W J N A E J X P X N
C O Y P T F C O B O C F Q N G F
O B N O I C A M A L C E R U D N
I F S S D U M S J R I O P U E B
X W I K U S Z K S X O W F C F P
O P C K M M D L S L N O U U L R
X I E D A D I C I L B U P R P L
J E Q M A D G D E R E C H O S N
X Y B A P V C H O U O H K G W S
A X E R F A I Q N R N R A C H H
Q H V N A H S G R H I F O Z V M
```

Consumidor   Publicidad   Contrato
Reclamación   Protección   Garantía
Derechos

Tráfico.Seguridad Vial

C	B	V	W	S	D	C	E	M	U	L	T	A	I
O	Q	A	D	Z	G	N	V	B	P	R	W	Y	Z
N	S	X	L	Q	F	N	Q	K	L	I	F	X	G
D	B	K	G	F	O	H	D	G	D	R	E	Z	V
U	W	J	O	V	E	R	X	W	C	K	D	Z	D
C	A	I	C	G	D	D	O	N	S	D	U	W	N
T	T	M	Q	M	A	J	N	F	L	T	L	M	A
O	E	T	N	E	D	I	C	C	A	W	U	E	V
R	J	E	W	W	I	E	H	J	N	M	I	F	G
F	C	L	S	C	C	S	U	N	E	G	E	K	N
C	E	K	G	F	O	F	C	H	S	Y	U	S	P
K	F	X	I	P	L	E	D	G	U	E	N	F	G
K	P	L	I	C	E	N	C	I	A	B	A	O	W
T	T	H	Q	N	V	W	W	V	A	X	B	Z	X	L

Conductor   **Semáforo**   **Licencia**
Accidente   **Velocidad**   **Señal**
Multa

Extranjería

L	N	X	P	D	L	R	E	H	Y	D	Y	J	R	J	Z	O
G	I	F	D	A	X	N	M	I	G	R	A	C	I	O	N	C
Z	H	G	P	D	G	S	V	Q	Q	F	M	S	R	J	C	Q
I	T	J	R	I	T	P	B	C	S	U	O	O	I	Z	T	Q
H	Y	Y	T	L	O	T	N	F	K	S	N	D	N	L	I	M
J	C	C	R	A	T	X	B	L	C	S	K	A	K	P	O	C
I	A	O	C	N	Y	Y	P	A	D	Z	R	I	A	P	M	X
H	C	Z	C	O	O	J	A	P	G	G	H	G	P	B	L	R
R	C	H	G	I	I	I	M	X	Z	M	U	Y	R	Q	J
U	T	B	M	C	C	E	C	S	L	K	B	F	Z	X	Z
V	G	F	M	A	F	S	N	A	Q	T	V	E	N	B	Z	Q
T	M	A	N	N	O	M	E	X	T	J	R	R	Q	E	J	Z
O	H	V	I	Y	M	I	D	X	G	R	M	C	C	A	H	O
L	T	Z	M	S	X	E	I	E	P	K	O	J	K	X	I	S
H	H	I	F	T	V	I	S	A	D	O	M	P	F	A	A	U
V	F	H	B	H	G	O	E	W	K	L	T	N	E	D	Q	T
O	Y	O	X	B	T	J	R	N	S	B	S	F	J	D	Z	G

Visado   **Residencia**   **Asilo**
Nacionalidad   **Migración**   **Refugiado**
Deportación

Marcas y Patentes

C	D	S	I	W	B	P	N	K	F	S	Z	U	W	B	J	O	M	N	M	A	E	D	Y	P
U	L	C	U	D	B	F	N	O	I	C	C	E	T	O	R	P	L	T	V	L	C	E	R	P
G	W	J	L	V	X	R	D	V	E	K	O	M	K	K	Q	O	L	O	E	M	J	V	K	W
K	E	V	L	A	X	Y	E	X	P	F	M	D	N	G	R	T	J	Y	G	B	D	F	S	H
S	V	M	A	U	U	M	R	G	M	J	O	V	X	K	F	P	S	Y	X	M	O	X	Y	J
A	I	B	I	B	L	T	E	B	I	G	Y	J	B	T	T	C	R	W	T	K	F	N	K	T
E	Q	Y	R	C	Q	L	C	A	S	S	P	G	W	Z	U	L	F	T	N	Y	O	I	Z	O
C	M	U	T	Y	V	I	H	E	Y	E	T	F	E	T	O	Z	B	P	B	J	X	U	O	A
R	P	C	S	V	D	J	O	K	L	L	K	R	Z	S	G	F	M	A	N	Z	H	H	F	Z
Z	X	C	U	W	Y	W	S	U	L	E	P	T	O	K	R	Y	E	C	K	S	C	R	G	D
U	F	J	D	M	S	Z	D	R	P	N	T	J	Y	A	D	O	L	F	L	M	W	C	X	S
Z	T	H	N	M	Y	N	E	C	Y	S	U	N	P	W	H	T	P	E	Q	V	N	C	T	K
M	Z	M	I	E	M	O	A	K	P	P	Z	N	I	B	G	O	B	W	F	E	B	X	G	K
H	Y	Z	D	Z	I	E	U	U	O	B	I	Z	A	D	M	V	T	L	I	G	J	V	F	J
O	B	A	A	B	W	N	T	T	L	Q	N	K	A	P	A	I	U	G	K	M	F	I	G	O
C	H	N	D	L	R	J	O	H	O	B	B	R	R	P	I	D	X	O	M	P	N	U	P	B
G	E	G	E	W	S	B	R	I	Q	S	Y	U	F	C	Z	P	E	C	N	V	L	D	T	Q
H	A	F	I	N	U	G	K	G	C	H	D	Z	B	V	Y	R	K	I	E	N	G	D	D	X
J	O	C	P	E	O	T	W	F	H	A	D	H	Z	B	F	L	L	N	P	U	X	U	M	D
X	K	K	O	P	V	D	I	K	X	B	V	N	B	F	K	N	C	O	R	O	C	T	X	U
O	L	A	R	S	H	I	Y	A	R	H	H	O	L	I	E	I	S	F	K	X	R	P	B	W
F	E	L	P	K	S	Y	F	M	P	D	R	H	N	C	O	J	X	N	T	B	X	P	W	W
N	E	C	A	Z	F	O	S	A	G	M	H	P	V	N	G	A	F	Q	M	B	V	D	I	N
F	Z	R	A	I	F	C	R	M	A	S	Y	J	G	M	I	X	L	G	F	U	R	M	O	Z
Y	N	R	T	S	F	E	W	A	L	X	R	E	S	X	L	U	S	Q	D	G	T	I	C	W

Registro   **Protección**   **Innovación**
Invención   **PropiedadIndustrial**   **DerechosdeAutor**
PropiedadIntelectual

Internacional Privado

Y	G	G	P	N	F	T	F	D	N	R	V	W	K	S	N	I
A	O	F	E	U	Z	R	T	F	O	G	J	Q	P	O	U	B
R	R	T	L	S	G	J	G	J	I	L	W	Q	G	P	C	Y
B	E	Z	A	E	I	C	Q	M	C	X	V	X	F	U	W	N
I	D	H	Y	R	Y	R	E	V	C	U	H	Q	Y	J	D	E
T	S	O	D	A	T	A	R	T	I	K	R	S	E	F	Q	O
R	Z	F	P	S	J	N	P	G	D	O	R	M	J	S	J	N
A	L	C	Z	K	X	Q	O	L	S	D	E	T	W	S	I	F
J	N	C	O	N	V	E	N	C	I	O	N	Z	Q	L	I	I
E	K	T	H	F	V	H	O	L	R	C	U	C	J	J	R	A
M	Z	N	D	D	T	K	X	V	U	Y	A	G	C	N	F	N
R	M	J	A	D	Z	C	J	L	J	J	B	B	S	Z	N	A
Q	S	N	S	K	J	C	T	V	V	A	A	O	L	O	Q	R
Z	Q	W	I	K	W	K	A	G	N	Y	M	T	H	E	M	U
Q	Z	Q	K	L	X	G	H	J	P	S	Q	X	H	F	N	W
K	C	O	N	F	L	I	C	T	O	H	P	P	F	M	S	F
H	V	D	L	G	H	D	R	O	C	C	Y	J	G	R	I	G

Contrato   **Jurisdicción**   **Convención**
LeyAplicable   **Arbitraje**   **Conflicto**
Tratados

Derecho de la Energía

```
S R J W S J J F Z B J R T W I V D O Y X L N S
T X Y P E G H O J X W R N H P G J J Y P V Z P G
R V V I O C W Z H G B V L U N Q N Y D Q G C N
X M I K B L D I S S O G W D M A G Q F E N V Y
Q G B A U Y I W H D U W A H X H S L R F F M J
O H Q M J V U T Q Z Y D B Q O K B W F T Z B A
H Z F Z P R I B H I U Y O S A A X L G C W H
B I J S E S W S Y C K X R B V G I S S R Z K L
R V L U T N X W I N A T Q O V U U A O V W S P
B S T P A U W R Q O S E N R H H G F Q U P S U
H W A V H G T Y G I C E N I I R W O L G P I V
C Y R U X C V Q N C R U U E D P L Y L H J T I
A V X E E O E I I A O U V A R M Y C W C T I Q
A A F L C A M C I L N C F K O G L L K Y U F M
D U E E T U D G A U O B W F C U E N Y B J T E
H S N Q S Q R H C G V S N N A P A T H H M U Y
G E E S O E Y S K E Z C F P R D M P I N K P T
G B A L N T O J O R J A D R B N R R P C B O X
O F J E U I E C N S R W L V U E M L W H A S E
X M E D L O W P X L U Y J G R F S Q N S D V K
N B J Y U E O B F Q W J S S O X I Z U C L L J
X B G P E B B J G N Z T Y H S V Q W L C C C U
V N P I W M W X W I Q B K X N S X K K P U V C
```

EnergíaRenovable Recursos Regulación
Electricidad Hidrocarburos PolíticaEnergética
Suministro

Propiedad Intelectual

```
Z C X I P G X B M J B A A S T T X T Q I
Y J O S B C E D V X H I E C W Z L Y Y G
F A V P C M X O U B N E E Q N Q K O Z M
X D U U Y M G D J F R E R Z B R L C Q D
Q A E L D R W J R A V V I B M V D V L R
X R I R B P I A Q N J J Y U S O L X V Q
S T R Z E G C G Q A Q T X I Z H N H I O
O S Q M C C M O H R Y E B E U U D M Y D
V I K J I G H B S T L O X G F R D F E N
P G F O T P A O O N B K E T L W M M H P
I E N X Q N K I S S L W J N Q O C K M L
C R R Q G E P I R A T E R I A K T W B Q
R A X E C C Y E J I U E J N I K A S Y L
P C K N L W T W T C T T Y R T G P R H E
I R K F E M S C J N P Q O D S Q F J E K
W A L J N C I T Y E E U K R E O Q A N A
I M L K V V U Y R C U T K J H G R X E W
Y Q M J N C W D R I T S A K Q K R T Z K
F N W V O Q V T A L W S H P S N F N M O
Q J Q D J M F T X W H T A K D W R E M P
```

DerechosAutor Copyright Patente
MarcaRegistrada Piratería Infracción
Licencias

Derechos Humanos

```
C A E K L P K O J L E H X Z Q A T H O L W
B R D C N S H C A V V I J R P N S S D W R
O U I B M X A H O E H N R O K U B R G I R
S T Z M C L B O J Y U H G E N O C I D I O
I R G K E B I E U Z V V Z X B L X Q E C N
N O N I O N D M R P Y J M H G F X C R W I
C T Z J T L E C I B J M O N C L E D E F N
E Z M G Z N L S S V H U Q U M I G E C H Z
P U T I L H O K D P B L P Q Y D L A H Y C
E D R L W G M I I E W Q G M E M G I O Y Q
E N L O L N N L C U G H Q D W R W R S Y N
R L U V G Q T Z C N V U U T L G U C C K B
R U W B K R P V I N E N E C F J U O I A Q
S L M K W X I U O H R V M R X X O O V E A
M C Z I O F I Q N S T A N U R E O X I T G
E I M X J J B R O Z U Z H O A A J S L I U
O R C T O N G I V C A Y G Z C C D K E H D
Q R H X T F E I B G Y V L B J F L Y S N D
A Y D T G K V T C P H N B G E R N B D P J
G O D A I G U F E R T P X N K W A L I W C
Z E P G Y I B G W P W E O X R U A L G L T
```

Tortura Genocidio Jurisdicción
Convención Refugiado DerechosCiviles
CrímenesdeGuerra

Derecho Aduanero

```
S C X U L L T L F O H K Y M L O I I
Y V I A G B C L I D K Y P M R K I A
R D V V C S S C F H H X B S T R W C
U I N T E R N A C I O N A L I Q F W
K U A K I E D A D U A N A N O E N R
Q S D D H G E M Y S L O V Z X J W K
I J A B U U M E Q Z D I G W O F J G
V Q A Q X L Z R W W P C E P G L G M
A U A J T A A C G C C A Y Z Z Z K C
J R F J L C S A H J V T N S O U E B
R P A H V I J N A K G R I K A L P X
T B W N N O I C A T R O P M I C K E
P S P A C N Z I D L X P P S L Q M G
X B L A L E B A G E R X P G W Z E I
V H Z I B S L S Y X V E N D U N F E
Y Y L T N F R E X N Z U L M V I R R
L A D D U G C Z S N E H C F D G A U
D A N E I K Z I J L A T Z R Y U D D
```

Aduana Aranceles Importación
Exportación Internacional Regulaciones
Mercancías

Derecho Notarial

V	O	G	P	N	D	X	R	L	U	A	Z	A	I	B	E	C	F
A	K	K	Z	P	O	R	E	J	C	N	S	Y	R	B	X	H	M
G	Q	I	P	L	A	I	M	E	T	J	P	Q	K	C	S	E	D
O	Z	Q	D	Y	A	Y	C	G	Z	C	C	W	T	T	U	X	R
K	M	M	K	C	O	I	R	A	T	O	N	H	Z	C	W	P	O
P	R	O	T	O	C	O	L	O	C	G	G	Q	U	D	J	G	W
Q	T	A	F	S	O	H	B	A	C	I	G	R	T	F	L	Q	Q
H	Z	S	A	R	V	I	I	U	O	I	F	A	E	W	Y	M	C
E	H	L	J	Y	E	W	C	O	K	Y	N	I	S	B	W	Z	W
L	M	I	S	U	G	H	Z	W	Y	Z	B	P	T	F	T	R	M
Y	M	X	E	Q	K	I	L	V	I	T	F	O	A	R	G	D	G
S	H	P	B	L	B	C	Q	F	N	L	S	C	M	Z	E	H	Z
Q	Q	F	I	O	M	E	G	F	A	Z	H	B	E	I	F	C	S
P	C	I	C	J	R	U	N	M	D	L	J	C	N	Y	U	R	X
M	Z	R	U	U	I	E	O	H	W	W	H	U	T	Y	X	Z	H
W	P	M	T	M	V	F	O	G	M	Y	Z	S	O	A	O	V	D
W	U	A	B	U	T	T	B	Z	O	C	H	H	R	Q	O	F	Z
E	L	T	N	W	Y	G	J	V	B	M	T	A	N	V	V	G	G

Notario **Testamento** **Protocolo**
Acta **Copia** **Certificación**
Firma

Medio Ambiente

S	W	W	K	V	H	S	S	C	M	W	S	H	A	X	V	T	F	H
E	W	D	M	R	J	S	V	O	C	K	K	O	W	D	O	B	I	Y
N	Q	D	D	E	A	X	P	R	S	C	F	L	C	X	V	E	F	C
J	E	B	S	W	N	G	B	M	D	R	J	V	O	X	C	F	W	G
X	S	K	F	H	B	S	J	C	D	N	U	F	N	O	J	O	R	P
T	N	O	A	G	B	U	Q	A	I	A	N	C	S	U	T	S	H	G
D	J	Q	S	U	X	L	B	L	N	I	E	I	E	L	H	F	I	S
B	K	K	W	T	Q	Z	G	Q	R	J	S	T	R	R	Y	Y	Q	X
J	J	K	L	O	E	D	T	L	W	T	N	B	V	S	W	J	F	Z
L	E	P	I	I	C	N	Q	O	E	E	U	W	A	W	F	X	N	S
T	T	A	H	I	L	H	I	M	I	A	Y	G	C	L	F	R	S	Q
P	L	R	Y	G	W	S	A	B	I	I	W	V	I	Z	Q	A	B	V
W	O	C	V	O	W	Z	M	D	I	A	R	N	O	L	H	E	H	F
N	Q	I	E	G	D	A	H	O	L	L	C	W	N	R	Q	J	M	X
T	V	I	M	U	O	A	I	U	R	S	I	H	Y	P	Q	Q	T	V
P	S	A	V	I	T	A	M	R	O	N	V	D	H	L	J	Z	B	Y
C	W	E	D	J	C	O	N	T	A	M	I	N	A	C	I	O	N	Z
D	U	E	R	A	B	M	T	N	P	Y	G	I	Z	D	E	O	X	Y
X	M	E	R	J	A	O	Y	X	L	F	Z	Z	N	P	P	U	C	X

MedioAmbiente **Sostenibilidad** **Conservación**
Contaminación **Ecosistema** **Normativas**
Recursos

De Familia

P	Z	O	A	L	M	X	W	H	H	V	F	U	M	L	O	F	R	C
D	A	K	U	L	J	C	U	S	F	F	B	V	V	G	O	P	G	A
J	H	T	F	T	J	V	T	L	F	F	D	M	W	D	W	F	N	X
H	F	D	R	U	O	L	I	Y	K	N	O	Q	V	W	H	I	E	V
X	T	S	M	I	L	I	Z	R	X	L	X	L	Q	O	S	H	C	B
X	S	B	A	D	A	P	K	X	R	Y	Q	Z	X	M	D	W	F	R
V	W	W	T	F	L	P	W	K	Z	I	K	Q	G	W	D	M	I	T
V	S	M	R	L	I	L	O	Y	A	N	V	I	M	Z	W	A	Q	Y
H	B	N	I	Y	M	U	S	T	O	D	A	E	G	R	H	A	M	A
K	X	T	M	M	E	H	E	I	E	B	B	H	W	O	I	S	J	Y
A	V	P	O	S	N	K	C	P	K	S	Q	W	K	Q	J	Q	D	G
W	R	D	N	J	T	P	J	U	S	D	T	A	I	A	O	T	L	Y
N	S	H	I	C	O	G	X	G	S	N	C	A	N	G	H	S	J	R
Y	I	K	O	D	S	L	L	I	A	T	B	Y	D	Z	V	J	Z	I
V	L	V	A	D	O	I	R	D	I	V	O	R	C	I	O	I	K	W
C	H	D	U	N	T	Z	R	K	N	V	E	D	D	Z	K	Y	I	E
P	H	V	N	Z	P	Q	T	F	O	V	Y	M	I	T	I	R	I	E
Y	C	G	O	I	S	V	A	X	M	C	O	S	Z	A	D	R	Q	X
Q	D	I	A	H	E	R	E	N	C	I	A	K	H	X	B	R	B	M

Matrimonio **Adopción** **Custodia**
Alimentos **Divorcio** **Herencia**
PatriaPotestad

Derecho Informático

J	E	Z	N	I	C	A	I	R	N	G	O	U	F	R	D	D	M	X	F	B	H	F	B
C	I	R	A	K	N	Z	K	W	K	F	L	L	I	F	G	Q	H	R	U	E	Z	D	V
S	G	O	W	V	X	T	A	Z	Z	X	A	J	S	E	G	K	J	S	V	A	A	E	Y
R	O	F	J	Y	L	P	E	W	A	U	E	C	Y	D	X	D	E	O	I	J	V	M	F
S	R	C	W	X	B	P	I	R	A	T	E	R	I	A	H	J	O	U	M	J	K	S	G
T	W	N	I	A	S	Q	C	C	N	Y	U	S	Z	A	W	Y	F	S	D	K	E	X	N
O	P	B	E	T	F	C	I	V	H	E	Z	E	C	T	F	Z	Z	F	T	L	T	H	X
K	S	J	Y	V	E	W	B	I	N	N	T	L	M	I	F	P	L	V	A	C	C	C	U
W	B	I	Z	O	W	N	E	P	R	I	V	A	C	I	D	A	D	N	X	S	N	Z	E
Z	W	W	A	V	L	S	R	L	V	F	Y	T	A	C	R	H	O	L	V	V	G	R
J	B	Z	M	I	Z	K	S	E	E	I	S	I	S	U	R	S	E	A	R	O	K	I	O
Q	A	V	Z	C	N	X	E	I	B	M	B	G	S	E	R	P	I	K	X	T	C	C	O
U	D	N	I	P	B	P	G	V	U	I	G	I	F	E	J	Z	T	F	E	S	B	O	A
R	T	C	W	S	H	J	U	B	I	C	C	D	P	Z	W	Z	T	H	W	C	W	K	A
F	P	Q	P	V	H	U	R	F	L	F	E	S	L	N	D	L	C	Q	J	G	H	F	E
V	Q	R	V	I	A	N	I	E	K	P	O	O	O	U	G	U	P	K	G	I	D	B	O
D	Q	A	C	Z	M	M	D	L	X	T	L	H	V	T	A	R	J	F	U	L	M	T	T
X	B	O	V	H	Y	M	A	K	A	N	V	C	W	A	I	U	G	Y	I	N	G	B	C
E	K	K	I	G	T	Y	D	D	S	C	C	E	I	W	H	L	S	W	T	O	O	M	O
I	P	N	S	J	C	R	H	P	S	K	C	R	I	S	S	F	E	V	B	M	L	S	R
L	H	N	R	N	G	X	F	W	Y	P	S	E	P	D	H	K	V	D	W	L	T	Z	U
U	Z	O	W	O	D	X	C	W	I	N	C	D	A	Z	N	P	T	A	L	K	T	J	N
H	K	E	M	L	P	J	L	I	Z	E	M	G	S	I	Y	X	U	X	Q	J	W	A	P
T	G	T	X	A	C	H	S	T	P	G	O	T	H	N	R	N	O	O	M	N	H	P	R

Ciberseguridad **Privacidad** **Piratería**
DerechosDigitales **Internet** **DatosPersonales**
DelitosCibernéticos

Derecho Bancario

Z	U	B	H	M	M	H	Z	G	U	D	A	B	S	T
D	J	A	F	Y	F	R	M	M	T	B	X	U	L	
B	E	N	O	I	S	R	E	V	N	I	U	D	A	
T	Q	L	M	I	N	T	E	R	E	S	C	S	C	
C	Z	T	A	Z	N	A	R	B	O	C	X	M	J	
D	S	W	T	N	F	D	N	L	H	C	Q	V	M	
L	J	Q	S	E	L	O	Y	Z	M	B	N	P	P	
I	D	H	E	R	N	V	Z	G	A	Z	W	A	M	
F	G	P	R	G	T	F	L	A	V	S	D	J	B	
Y	P	Y	P	H	Y	J	U	I	D	Q	A	H	V	
F	S	S	M	G	F	T	K	W	E	U	K	I	M	
M	J	S	G	H	N	N	T	E	Z	B	E	U	O	
M	C	Q	M	T	F	W	C	X	P	K	Z	D	H	
V	T	D	L	Y	K	I	Q	B	B	X	D	P	U	

Préstamo Interés Inversión
Banco Deuda Cobranza
Finanzas

Competencia

C	F	A	E	E	O	W	N	K	V	G	D	K	V	L	R	J	W	E	V	S
O	Q	S	I	Y	M	D	L	A	E	U	H	T	S	D	H	I	Q	Q	I	W
M	P	T	S	C	A	N	C	E	Q	W	E	L	A	Z	B	P	V	M	M	N
M	U	V	M	Y	N	M	A	Z	K	J	B	I	J	S	Q	J	Q	P	H	C
Z	Y	W	N	J	T	E	R	T	R	E	G	U	L	A	C	I	O	N	R	U
A	M	X	Q	V	I	V	T	U	N	W	T	B	V	J	U	I	M	M	M	O
A	D	N	P	F	M	W	E	E	L	I	W	K	F	W	O	R	D	X	O	V
U	B	C	Y	D	O	J	L	T	P	A	R	J	C	U	P	Y	V	J	N	V
Y	B	U	G	N	N	K	V	E	V	M	J	U	A	E	O	J	B	N	O	Q
F	L	L	J	K	O	I	H	E	Q	C	O	E	B	B	D	K	U	W	P	C
K	B	W	L	G	P	I	W	Y	Z	Q	A	C	P	U	S	J	V	E	O	U
M	V	I	A	Q	O	H	S	Q	Y	D	R	A	E	D	N	M	P	Y	L	D
X	H	C	E	J	L	M	M	U	A	F	D	G	W	R	M	L	J	W	I	X
H	N	Q	L	W	I	G	E	X	F	P	M	U	E	R	B	U	E	I	O	E
S	Z	N	S	I	O	E	E	I	X	G	L	J	J	S	M	I	A	A	A	M
J	N	V	E	L	I	W	W	C	L	M	C	S	Z	I	A	B	L	C	R	K
V	C	F	D	S	T	A	Z	H	Q	U	N	W	L	R	C	Z	O	U	Y	V
Z	N	X	R	Y	A	N	B	X	J	L	N	U	H	C	G	Z	Z	B	M	T
E	I	P	Z	H	R	K	Y	Y	Q	J	W	J	A	M	G	P	N	P	H	U
W	J	F	L	F	R	Z	Q	N	M	T	N	G	T	F	E	G	U	Y	E	E
A	X	T	X	P	E	D	A	Z	Q	F	I	Z	B	V	G	J	N	E	F	Y

Monopolio Desleal Antimonopolio
Fusión Regulación Cartel
LibreCompetencia

Derecho de Propiedad

O	T	C	U	R	F	U	S	U	S	X	N	G	I
A	I	P	Q	Y	D	W	Q	E	I	B	M	B	Q
R	M	F	R	J	N	X	M	A	N	U	X	Y	Y
T	E	Q	Q	C	L	I	L	B	M	O	N	R	V
Q	T	G	O	Z	F	V	S	A	U	Y	B	N	F
G	I	I	I	Q	P	A	R	C	E	L	A	H	O
R	J	F	T	S	F	I	K	S	B	P	T	C	T
W	B	F	K	U	T	R	C	F	L	T	B	W	C
W	D	I	K	S	L	R	V	R	E	D	N	T	W
F	D	H	I	O	I	O	O	W	P	L	R	X	P
U	A	C	E	T	O	P	I	H	Y	S	Y	I	Y
A	M	J	U	F	M	A	O	Q	M	T	J	F	M
A	Y	R	Z	Y	L	R	L	Y	X	H	U	J	U
N	A	C	C	L	Q	D	G	J	R	U	Y	L	B

Inmueble Escritura Hipoteca
Usufructo Título Parcela
Registro

Derecho Urbanístico

V	C	K	E	U	Q	T	T	B	L	L	O	X	J	T	L	W	
N	O	I	C	A	C	I	F	I	D	E	L	I	Q	H	I	T	
O	M	N	V	V	X	O	S	M	Z	R	L	E	O	F	C	R	
A	R	I	O	S	P	T	F	G	C	J	O	U	S	H	E	Q	
Z	Z	D	Y	I	G	R	F	Q	V	U	R	H	I	S	N	V	
Y	F	K	E	J	C	T	U	M	Q	L	R	H	G	Z	C	W	
A	G	F	D	N	D	A	N	A	F	G	A	A	Y	P	I	N	
G	P	G	C	Q	A	V	C	W	K	Z	S	K	V	Y	A	X	
O	Q	Z	M	O	T	N	E	I	M	A	E	N	A	L	P	V	
V	O	U	R	T	Q	P	Z	A	F	Q	D	U	T	Q	A	X	
X	H	Z	G	M	K	H	V	A	A	I	J	Q	I	J	A	E	
Y	G	N	B	O	R	H	O	M	S	I	N	A	B	R	U	T	
G	X	B	Y	N	R	I	S	V	N	Z	O	D	R	Q	S		
Q	W	O	F	M	G	Z	T	M	K	V	M	Y	Z	Y	L	N	
O	N	X	Z	C	L	Q	U	W	M	Q	U	H	S	Y	X	Q	
M	Q	F	S	Y	A	Q	T	W	S	P	C	I	B	Q	M	G	
Y	A	U	Y	E	U	Z	Q	S	C	Y	G	B	B	O	O	J	

Urbanismo Zonificación Planeamiento
Edificación Licencia Desarrollo
Ordenanzas

Derecho Notarial

I	X	C	N	O	M	M	E	B	Z	L	O	Q	O	D
L	F	L	B	O	P	G	H	A	Q	W	D	B	I	S
U	X	I	G	J	T	R	Y	N	O	Q	X	I	N	U
Z	X	Q	R	P	U	A	C	U	I	R	O	O	O	N
U	M	S	G	M	W	N	R	G	S	I	Y	C	M	A
G	S	M	W	K	A	N	J	I	W	O	G	N	I	F
M	Q	O	L	B	I	N	O	L	A	G	L	E	T	E
R	Z	U	R	S	F	R	T	Z	K	D	U	L	S	P
O	W	Y	D	O	C	U	M	E	N	T	O	C	E	B
K	M	P	D	S	X	P	F	E	P	M	R	E	T	S
R	O	C	G	F	O	R	P	Y	F	I	N	V	W	Q
P	T	N	T	J	H	T	E	S	T	I	G	O	M	U
I	U	N	T	F	M	K	L	U	T	B	S	B	T	C
C	M	E	X	C	D	E	R	M	P	J	P	P	D	Z
Y	W	I	U	K	U	A	B	Y	K	K	I	T	K	E

Escritura · Testigo · Notariado
Firmante · Documento · Testimonio
Sellos

Derecho Marítimo

Y	P	J	X	T	Y	O	F	E	Q	T	K	O	Q	I
G	L	J	T	C	A	E	Q	F	K	G	H	H	W	U
T	F	U	A	U	M	C	P	E	O	H	U	M	H	Y
P	A	Y	K	O	Z	A	M	A	B	I	G	A	P	E
N	B	S	P	T	P	B	S	I	P	V	G	I	V	L
W	O	K	V	N	A	U	F	R	A	G	I	O	F	D
G	R	I	D	E	D	U	Y	V	S	W	Z	N	L	B
X	D	O	C	M	H	G	Y	W	L	V	Z	F	M	H
H	A	C	C	A	P	I	T	A	N	X	V	A	D	J
U	J	T	X	V	G	Y	S	G	C	A	R	G	A	E
P	E	W	Q	L	U	E	G	H	U	I	Q	N	B	D
E	U	N	B	A	D	A	V	L	N	Z	N	Z	L	L
H	S	R	V	S	F	B	Q	A	K	K	P	H	M	K
M	B	K	H	P	O	L	U	Q	N	Q	W	Y	N	F
K	G	M	B	Y	I	S	X	H	F	S	N	T	E	D

Navegación · Marina · Abordaje
Capitán · Carga · Salvamento
Naufragio

Derecho Electoral

Z	T	O	J	Z	P	G	H	A	I	Z	G	C	A	M	P	A	N	A	A	O	R
T	P	U	G	B	X	N	G	O	Z	E	Y	T	U	P	F	T	F	W	L	D
L	I	G	V	C	H	W	V	S	U	V	F	B	O	D	O	E	T	R	N	R
M	G	O	L	V	O	U	V	D	H	E	N	R	O	B	C	Y	C	X	L	Y
V	F	C	N	L	R	L	E	N	W	H	V	F	A	F	P	L	B	D	G	M
O	U	W	D	O	T	U	E	M	J	P	W	X	F	X	O	O	F	C	Q	E
S	C	A	D	J	T	R	G	G	I	U	H	F	X	M	F	U	G	U	A	L
D	S	K	X	G	G	C	Q	E	I	N	P	W	V	L	Z	B	F	L	Q	R
L	W	W	T	R	W	Q	L	C	J	O	D	K	O	M	D	U	M	H	H	D
W	V	K	Z	V	E	O	A	H	V	M	E	M	M	S	L	G	V	Q	M	C
F	B	X	Q	F	E	N	O	I	C	C	E	L	E	P	O	L	H	B	L	K
R	J	X	J	E	D	Q	E	Z	G	L	T	X	E	H	X	I	I	Y	D	Y
I	T	Q	O	I	N	I	T	U	R	C	S	E	V	C	Y	V	Y	X	T	T
S	W	Y	D	G	Z	U	N	O	J	X	N	R	U	O	T	L	D	S	P	O
J	J	A	C	O	F	I	A	F	U	X	B	Y	V	P	I	O	N	A	J	I
T	T	Z	X	B	J	K	T	G	N	M	I	E	I	L	J	I	R	I	Z	R
O	B	Z	V	K	W	G	O	B	S	S	R	M	K	H	X	T	Q	A	M	M
W	V	H	H	H	O	C	V	F	B	T	E	I	R	J	I	T	D	Q	L	X
M	Q	E	Y	L	C	U	R	M	Z	O	H	T	J	D	O	Q	O	X	T	R
F	O	N	T	T	G	O	A	D	S	O	V	K	O	S	P	Q	F	K	U	N
Z	Q	G	Y	J	I	R	X	N	Z	K	J	I	J	X	C	Z	T	B	C	Y

Votante · Partido · Elección
Campaña · Colegio Electoral · Candidato
Escrutinio

Derecho de Trabajo

H	G	T	L	M	Z	R	O	D	A	E	L	P	M	E	B
Z	T	A	C	C	K	D	P	T	R	D	A	P	I	K	Q
Q	B	I	O	Q	O	D	S	O	A	Q	L	Z	N	H	O
N	X	F	N	E	I	H	K	C	O	C	Q	O	V	O	U
Q	B	O	V	Z	X	X	L	G	M	I	I	W	Q	R	Z
G	E	B	E	Y	C	M	H	V	N	C	S	D	X	A	I
G	S	C	N	Q	H	C	Q	X	A	G	E	X	N	R	F
Z	R	K	I	H	A	U	E	I	X	S	I	M	T	I	N
E	N	T	O	U	Y	O	C	O	E	K	Z	B	B	O	S
U	I	E	B	N	F	O	N	M	G	D	O	O	O	K	J
R	H	U	E	L	G	A	P	G	L	F	M	G	O	H	C
Y	G	S	Z	E	S	L	X	I	O	V	P	R	S	W	L
V	Y	F	N	G	E	N	T	G	O	M	E	E	X	E	U
Y	P	C	U	O	V	F	V	M	P	Q	M	H	B	B	W
Y	M	T	B	S	A	E	N	B	G	F	L	K	R	I	V
F	Z	F	D	D	M	F	K	C	V	M	I	P	V	Q	C

Sindicato · Huelga · Convenio
Negociación · Horario · Empleador
Desempleo

Com.Internacional

I	S	H	W	M	U	V	M	A	N	A	U	D	A	P	E
J	M	T	C	F	W	U	E	Y	O	Q	F	G	G	A	X
N	M	P	N	T	K	T	A	M	M	T	P	G	H	F	U
E	A	R	O	G	V	C	Y	E	E	B	C	C	O	Z	M
E	Q	T	I	R	O	J	M	P	H	L	O	O	A	U	M
I	R	E	C	E	T	K	Q	I	H	V	M	I	E	W	U
A	B	Z	A	G	F	A	R	A	N	C	E	L	E	S	O
X	J	O	T	L	F	I	C	M	I	Y	R	A	Q	G	M
V	W	K	R	A	H	O	L	I	H	R	C	B	V	C	I
C	F	H	O	S	C	X	R	H	O	U	I	T	B	T	G
T	E	A	P	H	E	U	O	B	E	N	O	M	R	F	S
D	F	B	X	T	F	Q	M	R	Y	P	E	X	P	P	A
A	D	U	E	H	C	A	D	D	B	O	C	X	W	L	I
Y	L	U	Q	G	O	O	C	U	O	F	C	U	P	N	C
I	F	E	C	M	H	M	O	Q	X	J	F	J	D	V	V
F	N	Z	M	D	Z	E	P	L	W	R	B	G	E	S	Q

Aranceles Acuerdo Exportación
Importación Reglas Comercio
Aduana

Seguridad Social

M	J	M	X	S	Q	T	E	C	A	M	Y	C	N	L	B	T
Q	X	O	F	H	S	U	H	V	K	J	G	X	S	M	P	F
T	R	F	N	N	E	O	G	G	I	W	P	S	U	K	J	X
S	T	C	Y	P	U	R	I	T	U	S	V	E	W	Q	F	O
O	E	C	O	M	D	J	V	C	M	N	C	N	E	S	H	T
W	K	N	K	T	F	J	D	O	I	X	R	O	S	E	P	B
Y	F	O	O	L	I	B	S	R	I	F	Z	I	S	D	W	Q
I	E	I	K	I	X	Z	J	T	Y	J	E	S	L	U	V	L
S	Q	C	N	E	C	V	A	V	Z	O	O	N	Q	P	A	C
G	H	A	X	O	E	A	L	C	T	K	H	E	E	O	U	M
J	D	L	U	J	I	Y	T	L	I	E	C	P	H	B	D	C
E	U	I	K	U	Q	Y	D	S	J	O	M	I	S	U	V	F
L	A	B	D	A	D	E	M	R	E	F	N	E	U	U	D	X
R	L	U	J	P	D	G	G	W	R	R	G	I	L	Q	H	Y
R	O	J	F	W	G	X	O	F	F	U	P	A	J	V	M	C
C	F	Q	B	U	K	T	W	N	R	S	N	P	M	D	C	A
N	Z	M	I	V	R	F	O	O	J	I	D	Y	P	U	I	K

Seguro Prestaciones Pensiones
Jubilación Enfermedad Cotización
Beneficios

Derecho Ambiental

Q	T	J	Z	L	R	P	A	W	J	I	Y	U	K	X	N	V	F	Q	Z	N	V
U	C	R	D	A	J	J	O	I	Z	N	M	J	J	E	J	X	Q	X	M	Z	G
A	Y	A	H	D	T	D	M	L	A	H	D	R	N	X	R	L	L	H	Z	I	B
S	A	J	M	T	X	Z	U	O	R	I	Y	N	K	J	B	F	E	G	C	G	M
Q	T	M	E	B	P	L	Q	C	J	A	G	F	S	T	K	O	G	Y	P	D	V
K	I	D	D	K	I	P	R	H	N	P	J	O	S	S	G	V	H	C	M	A	D
Z	R	L	I	J	I	O	F	V	E	A	L	P	L	G	I	Q	E	E	V	D	H
E	T	M	O	N	O	I	C	A	V	R	E	S	N	O	C	Y	V	J	B	H	F
C	T	U	A	G	M	N	N	L	X	L	N	D	Y	F	C	N	N	L	S	W	Y
Z	Y	B	M	O	N	L	P	O	I	J	Z	A	W	X	S	E	B	Y	G	B	U
P	O	O	B	A	D	D	U	H	I	M	U	E	U	O	Z	J	K	U	S	O	Z
P	C	G	I	T	L	I	B	H	V	C	A	V	K	Z	T	D	M	E	K	B	K
O	C	R	E	C	U	R	S	O	S	N	A	T	U	R	A	L	E	S	O	Z	F
L	G	S	N	T	E	M	B	U	C	R	H	N	I	U	G	V	R	E	Z	N	T
K	Y	A	T	N	E	C	Z	Q	J	D	I	W	I	C	Y	L	F	L	Y	V	D
Y	S	B	E	S	Y	U	U	O	C	B	L	F	Y	M	O	I	F	C	Y	I	R
O	D	P	E	F	Q	S	W	C	D	K	D	V	N	E	A	C	T	L	Z	R	Y
G	Y	X	B	G	O	G	V	V	W	G	Q	W	S	S	M	T	O	K	F	N	I
I	H	D	A	D	I	S	R	E	V	I	D	O	I	B	Z	Z	N	N	A	H	T
U	O	E	F	P	F	P	K	M	R	O	X	V	O	N	A	F	Z	O	V	G	T
S	C	X	O	M	T	C	X	X	V	J	E	L	P	Y	X	C	V	Q	C	A	P
I	N	X	Y	L	P	I	X	U	X	D	L	T	G	Q	H	C	C	X	Q	Y	L

Medio Ambiente Biodiversidad Contaminación
Ecología Conservación RecursosNaturales
CambioClimático

Derechos Refugiados

D	U	I	P	Z	M	E	L	F	W	O	A	Y	O	I	H	O	U	K
N	I	D	O	N	B	P	N	M	D	V	V	G	O	Q	J	O	H	Z
U	R	Q	T	D	H	O	D	A	I	G	U	F	E	R	L	L	K	Z
B	S	O	N	F	Q	E	Z	Y	D	Y	V	A	H	I	G	M	W	F
N	F	Z	E	T	W	J	O	R	Y	T	N	A	S	R	S	M	U	V
I	N	O	I	C	A	R	G	I	M	D	C	A	M	D	U	K	B	K
I	R	A	M	Z	Z	D	J	Q	S	S	E	L	C	E	N	A	P	Q
Z	N	W	A	O	Z	P	O	Z	D	D	T	H	X	F	Y	S	S	B
Y	H	S	Z	T	P	E	O	H	O	K	M	K	M	I	L	I	J	L
W	K	P	A	S	R	R	S	H	Z	N	H	C	Z	F	A	L	B	J
G	X	A	L	H	W	S	C	C	K	T	X	I	S	C	D	O	H	V
S	W	M	P	X	S	E	Z	O	Y	H	H	O	T	J	L	O	H	C
V	H	U	S	S	R	C	T	M	F	H	J	O	N	K	B	H	M	R
O	U	O	E	E	X	U	K	J	F	L	X	B	R	Y	R	G	W	R
L	T	X	D	J	T	C	W	E	Q	P	V	N	M	W	Q	P	O	V
O	L	S	I	A	Q	I	I	E	X	I	V	Q	C	J	O	X	Q	S
L	H	A	T	Q	C	O	X	P	U	A	U	O	L	R	C	O	P	D
T	M	S	R	L	G	N	L	M	H	A	O	U	I	O	C	E	B	F
Q	E	Y	R	Z	L	Y	X	O	V	N	F	O	D	M	G	C	G	C

Refugiado Asilo Migración
Persecución Desplazamiento DerechoDeAsilo
Estatuto

Derecho de la Niñez

```
H W Z U A K V K Y J F W C L L H L J I W
Y J Y E W Y U Q U R F G O K V U O C X Z
Y K X N J M F R G D B B B T H F B H B L J
W Y N W D V F W F B F U S V L T T U F U
A A H B N X N I X A I O E C K F I Q Z F
C R H A H I A V A J O U I K F A Q W M G
L B X B M H F I N S Q W X B T J E Z T U
U X S X O K W P S Q J A E U W H T U U C
V G E L U A J Z A S B K G Y N P T J I T
Y L O A S H G L B V T N I Q R U T I L T
K K A M K A X I T X S C T O Z S N U U B
F V B Y H E Q K T K R D T A T O S V Y W
A K U A V N M I F W G E V Y M A C N N U
T D S E E F C Q E C C J E X I Y B V W T
Z R O U I R Y W M C V F B D B Z C D J V
L Y A P K R K M I E Q H O B A P U V G A
X M O F C Y H O I Y N T U T E L A U Y T
N E A O N I N L E D S O H C E R E D Z D
W L M H G B O N K U A X R F Q Y E X A V
R O U V U M N N C P N P K I O U Y O O K
```

Menor **Protección** **Adopción**
Tutela **Abuso** **DerechosDelNiño**
Custodia

Derecho Tercera Edad

```
Y M I Q H K Z Y A K C S E F U B Y A N
U B P Q F N J U J A T U D Z X L N C O O
M L E A Z S Q A Q I I O A T T K D C I
O R S D M C O S I Y R I R N A J O E C
E T R I L D O R N C X N V F D C J E A
E K N V H D F E T P N H A J Z N O H L
V Z Y E A L T U K K Z E Z W U G W K I
Q L S D I V S R P Z Q X D X J K L A B
B Q I D E M J M E U X X Q N B Q U H U
Q U Q A F N I D X T V N F E E E H B J
C A C D R L R C Q N Q P R D P P C J F
P C K I P D Q S E B E E E B L I E S K
V L A L B S C R V J P N Q Q G B G D X
S P V A C O O V Z G E D Q F P L K W J
E V L C A Y V J J B I V Y K N P Z V X
X O Y P Z E P E N S I O N M P J G Y F
A B E L M A I C N E D I S E R W J B X
U Q R H S V G V X S W N Q P T R O Z R
P L I U B F Y Y I T W J S U C Z J X N
```

Envejecimiento **Jubilación** **Pensión**
Dependencia **Residencia** **CalidadDeVida**
Cuidados

Derecho. Vivienda

```
L B R K V C R H R G P I R F H E A A
I I H S W F T A L S L H E B Q Q R R
I B E C P R S P T I F K O N S H K E
F Z B Q V Z C R E N L Z I U E M C X
Q K D K P V D J D H V D S F P A M O
L D J A T U V Y O R N W P E P F G
D Z D N D N U I A G F O P A F N L B
C N R E L I U Q L A Y W X Z F M S M
G F Q Z U V L X L R Y B X V E W V I
A T A O D Y Q I U O G P W N U F G U
J X C M P Z U R B K J R Y R M S G X
E E C U H C F U M A F O L P R V Q C
T J E M W B P M L D T P L X H D R E
P D S N J A D N E I V I V A U W U T
S G O T M S Q U L K G E B T S K J X
F P H F V E M M S Z X D C A Q E U Z
R K G Z H T Q Q B I X A V S H B D X
N T S P Z Y Y J L B N D Y M P D Q A
```

Vivienda **Acceso** **Habitabilidad**
Desalojo **Alquiler** **Propiedad**
SinHogar

Pueblos Indígenas

```
K I S B L K Q L A F J E N M T D W O E S H K Q
O R X Q D V S X P W S A V E P Q F E G Z Y U Y
C J Q P E C H R I A W V E Y Q Q S P I O A B Q
L I H E D I C L C I U C E W U W Y D D I X B P
W I Z V S H B J J M N S B O G E O B C S Q P G
S L B I I J Q S L E C C Z I B Y A C R O R O N
X M I O T Y X G D G G Q F H G C Z X A G I V Z
D E V N M C J D P I D L A M U X X V K B S P X
K P E I E B M Y X A P T X Z F X I M X K F P D
C Z C L Q T P O L E Z E Q H V G J D X E T A I
I B H F Q N L H H N Q F Q W R J J J I J U F E X
T L F A Q F Z W R M A F W C F R D I L H Q A Q
S S P G W J T F Z Q X I U R E S E R V A S M Q
K C R L M U T N Z M S R Q T C N J F T J Q P V
K R E I N N S Q M H W A R T N R H L Y V I O N
C Z D Y O T A L O X T Q B B K U G F B R M P
A Y A I M O N O T U A A W J P S C O D C V S G
U F R Z N F E W A Z L Z N N N E E Z G A A R I
M I U O U P G T K Q I D F O E U O F I R C T V
V P T S O V I T C E L O C S O H C E R E D G M
G F L R P O D F D T I O R Y T Q S E D N P D J
U Q U G I W N M W D X P P Q Y P I A C W X R E
J A C O I C I I F Y M N J Y E T X I X Y D L V
```

Indígenas **Tierras** **Autonomía**
Cultura **Consulta** **DerechosColectivos**
Reservas

Nacionalidad

```
X I C U U S L R S B S C W H V O X L D G V V H
V A Y E K E P A A S D G S Z Y B S Y K X B F
C I T E R O L F M L D G Y D I F J T Q H U N
I N A C T R Q I V T K I M K L I V P E V Q H
B A L Y M D Z G V A Y C T N U G R I H J I X
Y D O B L E N A C I O N A L I D A D S M O P
N A T U R A L I Z A C I O N E C R E Y V R M
D D X W H D H C O R X S R J V P T T N U Z U
H U C J K S K W H W X M O M B B A O V R N H
S I Q V A U F W S U K S Z H J Q I Z W N J O
W C T O L U F R Q H T M O P C C P G T K M X
L G G A R D A J A U B N W C A E E T H D R P
Q A L T D V I G G O T C R R M S R R F G U Z
O I T Y E C F I N U W G G D O P A E D H U I
Q M C K T X C A A L S I Y Y O L Z P D V Z A
N I K Z A G Z J I A M Z P C N I O F N S
U Z Z R E K Y Y S N F T S Q L A Y E V N L
C E I X N Z C Y I O F J P J J G W V Y A T M
C Q Z L B F Y J P I P U Z R O N Z H B U X E
K P W O V D W Y M C O K K D A V W Z Z J T C
H G A C K E D M G A N M F Q S F T F L P H H
U H Z Y S Y O V M N J O H G L F R X Y M S O
```

Nacional
DobleNacionalidad
Inmigración
Ciudadanía
Naturalización
Pasaporte
DerechosCiviles

Derecho a Educación

```
W M S D V G E T O Z E H Q X N F A Z N
R L O U E M S L X T L E Z S E F L H Q
J B P L O T M B N Q L A C Y A V F Z V
N D V J Z V F T Z I U V S B L I A M E
K O N Z V L F M J I F I O R H H B M K
A E I P R L L Q P R O K N W E M E N P
Z E W C J C V K G A Z W O H S V T Z Q
J X Y T A D A D L A U G I U L B I Z G
Y L E W L N J J B W O P S G G N Z N I
H W B V T S I Z F W M Q U N O P A W U
A P W F T S E M Q T F E L I S H C E X
A M Y A I O F H I W E R C L E C I L P
Z T P K U Y R A Y R D A N A C I O A A
X N D G B T X Q L A C J I G C N N W Z
Z B R N X P A F D U K S Y U A Y I P R
O X Y B X B D N D V G C I W G H X G G
F Z P X M S D E X F E J J D E M E X L
K U I Y K H W L W U X U B L Z J Z D O
F X G X A N X G K A P A E F K M Y T L
```

Educación
Igualdad
Alfabetización
Acceso
Inclusión
Universal
Discriminación

Asistencia Legal

```
L C U U S L R Z N S U A P Y L Y S H E C
H I F K F C S S M L J K A R C O S X B S
V X A M N O J J J U X O Z I D A S U M N
W M F U V O O U K W J V L C C S V R R P
P C Q S P Q I I W Z D T D C O I H Q V G
X F U Y A C C U Q E F J J Q S T T F X
Q O V S V I I I A D H T O C X T F S C J
Q E F E F B F O C T A Q G J Z E V N U S
E K G F V G O J I D N F V J P N V W O J
M I F X Q R E U W U B E H C Y C L I D L
U Y U N A J D S M W D M S L B I R K I L
L N E U U M O T Y I R V G E U A Q W X D
A T T V U I D O J Z Y O W W R P C R E X
E D Y O C H A Q X D Q E Q O S P D F J B
N Z U O C Q G Y H U Q C N W O X E Y V N
D U U B P Y O A X O U O V G Q N U R C C
A U D F V M B O Q X H H S Z S L Q J X V
B D G C Q I A Z W J M E L A E J S F A H
J L E J T V P F B R E V B E Y C T C B A
E D J W G C E G T N H R T E D U D L L S
```

Defensa
Representación
Asistencia
AbogadodeOficio
JuicioJusto
Justicia
Honorarios

Derecho. Animales

```
F K E B Y A S K W Z Z C N C T U U H R O V X
S J H I Y D S P H I U R G S I G Q U R R Y C
S M X H P P G B H N W Z U F W K U A P A O E
L I G N B U S O S A Z O K Z T L T N D R I V
A Y H N V B F E P W Q O M A M S P H W T R Y
V I J K W E G R K G J S G W E J E C A O E R
E J P N O R D N E N Z A V N O T V S C O P D
M N Q X M U R F T G Y N E P Y X O I Y K Q U
C A T B C X R D U L F I I Z A Z X D C W A B
Z B O B E M R N L F B T S E T J E H V B O Y
P B Q U H W X W J A W A V F B L S E S R S Z
U Q I Z H E Q V N W M R H F A I X Q S R H W
J M A N C M W V P X K I C V K A W U H G P J
N Y H C X U H L O F D O N X O T F M W H R M
W U A Y F W R S C Q E W V A O P D G V H B C
J A H G U G O V A W D A D L E U R C G A Q X
R R A H X H P E S U V V P R O T E C C I O N
L S U K C M A C M V Y U S E I K A R D L Q Z
Q D Y E P B A Y O J P O P Q H B C C R C Z L
F R R O R G I L E P N E S E I C E P S E R P
W E D I U K R V V L O H D M O K J N A E G I
D G L Z P N D U F E F X Z R D U V O Y B R W
```

Bienestar
Derechos
RescateAnimal
Protección
Zoosanitario
Crueldad
EspeciesenPeligro

Salud Pública

S	A	C	I	T	I	L	O	P	K	G	O	D	A	S	B	Y	O
H	L	S	G	L	U	B	Q	M	S	K	R	D	H	V	V	T	F
J	H	C	W	W	I	A	N	J	M	G	D	X	Y	S	Q	A	N
W	O	I	H	J	C	W	M	P	H	H	G	J	C	E	I	C	W
X	S	T	W	P	O	O	P	T	I	V	I	L	S	G	A	I	J
N	N	N	R	R	S	Y	Q	H	W	B	Z	P	O	D	I	L	M
Z	Q	F	O	P	E	P	J	O	V	L	R	L	A	M	D	B	Y
X	W	R	S	I	C	W	Y	B	S	E	O	A	W	D	K	U	Y
C	P	K	G	U	C	F	X	B	V	I	L	J	Y	D	C	P	B
H	Y	C	C	U	A	A	S	E	M	Y	K	A	D	C	Z	D	T
E	F	L	P	E	S	A	N	E	A	M	I	E	N	T	O	U	Q
S	W	X	O	N	V	C	D	U	T	X	K	S	R	E	I	L	T
N	K	V	O	X	I	I	J	M	C	K	V	Q	W	M	X	A	G
Q	S	B	S	O	P	R	N	S	B	A	H	F	R	V	V	S	R
Y	X	D	N	E	W	D	H	N	B	X	V	U	O	H	J	U	G
D	S	U	F	D	J	B	K	G	K	V	L	Y	S	F	I	G	T
K	D	V	P	O	D	H	D	H	L	T	J	L	U	P	W	Z	A
P	R	C	K	E	B	D	W	S	G	C	H	T	J	C	X	B	J

SaludPública   Prevención   Epidemiología
Vacunación   Saneamiento   Políticas
Acceso

Derecho. Bioética

Q	W	S	Z	Q	Y	B	Y	M	B	L	V	K	E	Z	Q	B	V	W	H
L	D	Y	A	C	B	E	D	O	T	L	O	C	H	M	I	M	T	M	T
L	B	H	U	G	S	F	E	U	D	E	T	T	A	Y	I	J	U	Y	K
M	V	Z	N	N	M	Q	K	U	X	I	N	B	M	N	K	R	S	R	T
F	W	S	C	O	O	J	J	U	Q	G	E	I	C	D	Y	E	M	G	O
F	N	O	Y	L	I	I	P	Q	H	D	I	V	L	D	O	U	O	N	C
T	G	C	P	W	O	C	C	F	G	Z	M	N	R	Z	R	B	Y	O	V
S	G	Q	N	Y	T	N	A	A	O	K	I	E	M	E	Y	T	T	T	F
N	E	W	H	Q	P	L	A	G	T	X	T	O	B	E	Z	L	M	F	A
E	O	D	S	S	X	G	M	C	I	N	N	U	W	U	C	J	Z	H	N
D	B	I	K	C	T	S	O	C	I	T	E	S	A	M	E	L	I	D	V
E	N	E	C	B	U	C	D	B	K	O	S	M	Z	F	G	U	F	P	P
Z	C	O	R	A	U	N	B	Y	W	V	N	E	I	C	V	Q	M	L	F
X	C	U	Y	Q	N	A	B	U	J	K	O	I	V	R	Q	E	A	M	Q
F	S	I	J	N	Z	O	X	U	S	M	C	H	X	N	E	R	P	M	K
O	N	V	U	Z	F	R	D	F	A	L	K	O	Y	O	I	P	K	M	W
E	E	N	D	V	S	X	L	K	U	E	I	X	P	J	I	K	X	Y	J
E	M	C	I	S	N	M	A	N	I	P	U	L	A	C	I	O	N	E	G
S	X	X	E	Q	B	P	X	T	R	K	I	Q	Y	G	X	Y	V	M	D
V	K	Z	Z	K	Y	L	D	I	U	W	M	K	M	X	O	Q	S	B	A

Consentimiento   Experimentación   Clonación
Manipulación   Investigación   Donación
DilemasÉticos

Derecho. Consumidor

C	F	E	D	J	O	T	C	I	I	U	X	K	L	D	H	W
E	O	A	A	T	R	I	K	V	Q	L	P	P	V	R	I	I
A	H	M	X	Q	S	Y	C	G	K	K	E	R	Q	W	L	T
G	F	D	P	D	Q	E	Y	R	N	R	Y	A	W	Z	O	D
V	Q	Q	R	R	E	N	V	C	E	Z	M	N	C	J	N	L
Z	T	Z	D	W	A	V	M	S	C	M	W	O	V	Z	D	G
B	I	F	Q	L	H	S	O	G	H	N	O	I	X	Y	U	G
D	J	O	U	A	T	L	Y	L	J	M	K	C	Q	I	K	V
G	P	R	E	D	U	A	R	F	U	L	Y	C	Q	G	O	U
D	U	U	L	C	B	Z	L	T	W	C	M	E	F	G	S	P
C	S	M	I	X	C	O	D	Q	A	U	I	T	Q	R	B	Z
C	A	O	H	L	F	F	L	Z	K	X	P	O	L	X	X	D
G	N	F	F	Z	P	A	I	P	V	K	F	R	N	Z	F	N
E	W	X	Y	Z	A	D	G	Q	Z	L	A	P	R	E	F	G
K	P	F	J	F	J	W	V	U	D	I	V	D	T	T	S	K
C	S	X	V	Y	S	S	O	H	C	E	R	E	D	R	K	G
T	H	G	M	J	D	C	I	W	T	B	B	Z	C	N	V	J

Comercio   Protección   Derechos
Compras   Resolución   Fraude
Devoluciones

Banca Internacional

L	F	T	Z	P	G	K	L	W	U	F	V	O	W	O	E	D	G	C
F	A	C	R	D	H	I	G	K	M	G	L	U	A	S	K	Y	E	S
N	T	E	K	A	F	H	L	U	N	G	E	S	J	O	E	U	E	F
S	I	J	I	S	N	G	O	U	Q	G	R	F	A	R	L	D	V	O
V	F	G	R	S	Q	S	A	W	B	T	F	F	W	E	K	O	Q	G
D	F	D	M	U	O	K	F	Y	W	Z	C	N	B	N	L	O	T	I
L	U	R	Y	J	L	M	T	E	R	F	R	E	R	I	F	M	A	C
V	V	E	E	B	I	N	A	R	R	O	Q	I	M	D	I	C	B	V
E	U	G	H	P	B	N	X	T	H	E	X	O	C	O	C	Q	N	H
P	D	U	K	L	A	J	V	D	S	M	N	V	Z	D	O	Q	M	L
O	S	L	P	W	J	U	K	E	E	E	H	C	H	A	L	N	X	O
N	I	A	G	G	Y	W	L	M	R	Q	R	J	I	V	E	N	W	P
A	Q	C	G	P	E	M	Y	V	T	S	P	P	U	A	A	I	C	N
T	X	I	C	G	T	D	E	E	D	I	I	J	Q	L	S	S	Q	X
K	I	O	J	J	X	C	Z	Q	M	Q	M	O	B	O	I	T	V	U
Q	R	N	X	Y	D	X	Y	K	D	R	J	U	N	C	U	L	I	O
V	A	K	L	P	F	Q	L	G	R	X	B	F	R	E	P	R	U	U
A	A	H	G	E	R	O	H	S	F	F	O	V	G	S	S	Q	E	E
N	F	O	U	J	C	D	P	C	O	X	A	E	V	F	U	F	F	S

Offshore   LavadoDinero   Regulación
Inversiones   Transferencias   Préstamos

Banca de Inversión

H	F	O	E	Q	R	M	K	Q	I	J	T	L	T	Q	X
D	I	N	G	E	X	F	Z	V	G	S	Y	S	F	W	Z
X	A	L	Q	G	O	U	R	G	A	U	V	J	J	T	J
Q	U	I	N	P	T	W	O	N	E	Z	C	O	C	N	D
K	K	L	C	S	A	E	Y	Z	K	Y	W	T	A	C	H
U	H	O	J	N	O	I	C	A	L	U	G	E	R	O	Z
P	R	R	C	E	E	G	Q	H	N	M	J	V	T	N	X
X	C	Q	Z	X	C	T	L	I	F	O	B	X	E	S	N
K	H	C	H	D	K	V	E	C	D	N	W	E	L	U	H
F	X	Y	H	I	R	I	U	P	J	O	H	P	L	M	S
D	D	F	H	F	B	F	K	G	M	P	I	Z	I	I	L
U	V	R	T	Q	Z	H	U	L	S	O	G	C	Y	D	Q
B	E	U	J	D	E	P	U	S	H	L	C	Z	R	O	L
W	O	T	Q	T	E	S	H	D	I	I	X	Y	E	R	R
C	E	W	U	Q	G	K	C	R	J	O	Q	Y	C	R	Z
Y	F	J	L	Z	G	O	A	E	O	X	N	N	N	D	V

Competencia	Monopolio	Competencia
Fusión	Regulación	Cartel
Consumidor		

Enciclopedia:

Abogado de Oficio (Asistencia Legal): Un abogado de oficio, también conocido como abogado de oficio o defensor público, es un abogado designado por el tribunal para representar a personas que no pueden pagar por servicios legales privados en casos criminales o civiles. Estos abogados proporcionan asistencia legal gratuita o a bajo costo a aquellos que no pueden costear un abogado privado, asegurando que tengan acceso a la representación legal necesaria para proteger sus derechos en el sistema judicial.

Abordaje (Derecho Marítimo): El abordaje en el derecho marítimo se refiere a la colisión o encuentro entre dos o más embarcaciones en el agua. Este incidente puede causar daños a las naves involucradas, lesiones a la tripulación y pasajeros, y contaminación del medio ambiente marino. La determinación de la responsabilidad en casos de abordaje es un aspecto importante del derecho marítimo, y se basa en factores como la negligencia de los capitanes y tripulaciones, el cumplimiento de las reglas de navegación y la contribución al accidente por parte de cada parte involucrada. Los procedimientos legales para investigar y resolver casos de abordaje están regulados por leyes y convenciones internacionales.

Abuso (Derecho de la Niñez): El abuso infantil es cualquier acción u omisión que ponga en peligro o cause daño físico, emocional o sexual a un niño. Esto puede incluir maltrato físico, negligencia, abuso emocional, explotación sexual o cualquier otra forma de trato perjudicial. Los derechos del niño incluyen el derecho a estar protegido contra todo tipo de abuso y a recibir ayuda y apoyo adecuados si son víctimas de abuso.

Acceso (Derecho a la Educación): El acceso al derecho a la educación se refiere a la capacidad de las personas para obtener y participar en oportunidades educativas sin discriminación, barreras económicas o sociales. Esto implica garantizar que todos tengan la posibilidad de matricularse en instituciones educativas adecuadas, recibir una educación de calidad y completar con éxito sus estudios, independientemente de su origen étnico, género, nivel socioeconómico o ubicación geográfica.

Acceso (Derecho Vivienda): El acceso a la vivienda se refiere a la capacidad de las personas para encontrar y asegurar un lugar adecuado para vivir, ya sea a través de la compra, el alquiler u otras formas de tenencia. En el ámbito del derecho a la vivienda, el acceso equitativo a una vivienda adecuada es fundamental para garantizar la igualdad de oportunidades y el bienestar de todos los individuos. Esto implica eliminar barreras económicas, sociales y legales que puedan dificultar el acceso de ciertos grupos de personas a una vivienda adecuada.

Acceso (Salud Pública): El acceso a la atención médica es un componente crítico de la salud pública que se refiere a la capacidad de las personas para obtener servicios de salud oportunos, adecuados y asequibles cuando los necesitan. El acceso equitativo a la atención médica es un principio fundamental de la salud pública y se esfuerza por garantizar que todas las personas, independientemente de su condición, puedan recibir la atención médica necesaria para mantener y mejorar su salud. Promover el acceso a la atención médica es esencial para reducir las disparidades en salud y mejorar los resultados de salud en las poblaciones.

Accidente (Tráfico y Seguridad Vial): Un accidente de tráfico es un evento no planificado que ocurre en las vías públicas y resulta en daños materiales, lesiones personales o pérdida de vidas humanas. Los accidentes pueden ser causados por una variedad de factores, como el exceso de

velocidad, la distracción del conductor, las condiciones meteorológicas adversas, el incumplimiento de las normas de tráfico y el estado defectuoso de las carreteras o vehículos. La prevención de accidentes de tráfico es una preocupación importante para las autoridades de tránsito y se promueve a través de medidas de seguridad vial, educación pública, aplicación de leyes y regulaciones, y promoción de comportamientos responsables por parte de los conductores, peatones y otros usuarios de la vía pública.

Acta (Derecho Notarial): Un acta notarial es un documento oficial redactado y certificado por un notario público que recoge hechos, declaraciones o circunstancias presenciadas por el notario en el ejercicio de sus funciones. Las actas notariales pueden utilizarse para documentar una amplia variedad de eventos legales y situaciones, como la entrega de bienes, la manifestación de voluntades, la constatación de hechos o la realización de protestos. Estas actas tienen valor probatorio y legal, ya que el notario, como funcionario público, certifica la veracidad de los hechos descritos en el documento, lo que otorga fe pública y autenticidad a su contenido.

Acuerdo (Comercio Internacional): En el contexto del comercio internacional, un acuerdo se refiere a un tratado o pacto alcanzado entre dos o más países para regular aspectos específicos de su interacción comercial. Estos acuerdos pueden abarcar una amplia gama de temas, como la reducción de aranceles, la liberalización del comercio de servicios, la protección de la propiedad intelectual, la facilitación del comercio y la resolución de disputas comerciales. Los acuerdos comerciales pueden ser bilaterales, entre dos países, o multilaterales, que involucran a múltiples naciones.

Acusado (Derecho Penal): El acusado es la persona que está siendo procesada en un procedimiento judicial por la presunta comisión de un delito. Es importante destacar que el acusado goza de una serie de derechos fundamentales, reconocidos tanto a nivel nacional como internacional, que garantizan un juicio justo y equitativo. Entre estos derechos se encuentran el derecho a la presunción de inocencia, el derecho a ser informado de los cargos en su contra, el derecho a la defensa legal, el derecho a un juicio público y justo, y el derecho a no ser sometido a tortura ni a tratos inhumanos o degradantes.

Administración (Derecho Administrativo): En el contexto del derecho administrativo, la administración se refiere al conjunto de órganos, entidades y funcionarios públicos encargados de gestionar y ejecutar las políticas públicas, así como de aplicar las leyes y regulaciones en nombre del Estado. Esta función incluye la toma de decisiones, la elaboración de normativas, la prestación de servicios públicos y la gestión de los recursos estatales en áreas como la educación, la salud, la seguridad, el transporte, entre otros. El derecho administrativo regula la organización y el funcionamiento de la administración pública, así como los derechos y obligaciones de los ciudadanos en relación con la actuación de la administración.

Adopción (Derecho de Familia) (Derecho de la Niñez): La adopción en el derecho de familia se refiere al proceso legal mediante el cual una persona o pareja (adoptante) adquiere la responsabilidad legal de cuidar y educar a un niño que no es biológicamente suyo (adoptado) como si fuera propio. La adopción puede ser nacional o internacional y está sujeta a regulaciones legales que varían según el país y la jurisdicción. El proceso de adopción implica evaluaciones de idoneidad de los adoptantes, consentimiento de los padres biológicos o autorización judicial en casos de padres desconocidos o incapaces, y la emisión de un decreto de adopción que otorga la custodia legal y los derechos parentales a los adoptantes. El objetivo principal de la adopción es proporcionar al niño un entorno familiar estable y amoroso en el que pueda crecer y desarrollarse de manera saludable.

Aduana (Comercio Internacional) (Derecho Aduanero): Una aduana es una autoridad gubernamental responsable de controlar el movimiento de mercancías a través de las fronteras nacionales y la aplicación de las leyes y regulaciones aduaneras. Las aduanas desempeñan un papel fundamental en el comercio internacional al aplicar las regulaciones y políticas aduaneras, incluidos los aranceles, las cuotas y las restricciones comerciales. Entre sus funciones se encuentran la verificación de la documentación de importación y exportación, la inspección de mercancías, la recaudación de derechos de aduana y la prevención de actividades ilegales, como el contrabando y la falsificación. Las aduanas también pueden desempeñar un papel en la facilitación del comercio al simplificar los procedimientos aduaneros y agilizar el movimiento de mercancías a través de las fronteras.

Aguas Internacionales (Derecho Internacional del Mar): Las aguas internacionales, también conocidas como alta mar o mar abierto, son las áreas marítimas más allá de la jurisdicción nacional de cualquier estado. Estas aguas están abiertas a todos los estados y se consideran res nullius, es decir, que no pertenecen a ningún estado en particular. Como resultado, las aguas internacionales están sujetas al principio de libertad de navegación y sobrevuelo, así como al principio de igualdad soberana de todos los estados. Sin embargo, las actividades en las aguas internacionales están reguladas por el derecho internacional, incluidas las convenciones y tratados marítimos internacionales, para garantizar la protección del medio ambiente marino y la seguridad de la navegación.

Alfabetización (Derecho a la Educación): La alfabetización es fundamental para el ejercicio efectivo del derecho a la educación, ya que implica la capacidad de leer, escribir y comprender información básica. El acceso a la educación de calidad debe incluir programas y políticas que promuevan la alfabetización en todas las etapas de la vida, garantizando que todas las personas tengan la oportunidad de adquirir las habilidades necesarias para participar plenamente en la sociedad y ejercer sus derechos de manera informada y significativa.

Alimentos (Derecho de Familia): Los alimentos en el derecho de familia se refieren a la obligación legal que tienen los padres de proveer sustento económico, alojamiento, vestimenta, atención médica y educación a sus hijos menores o incapaces. Esta obligación puede surgir por ley, acuerdo entre las partes o sentencia judicial y tiene como objetivo garantizar el bienestar y desarrollo adecuado del niño o adolescente. Los alimentos pueden ser fijados de común acuerdo entre los padres o determinados por un tribunal en casos de divorcio, separación o disputas relacionadas con la paternidad.

Alquiler (Derecho Vivienda): El alquiler se refiere al acuerdo contractual mediante el cual una persona, denominada arrendador o propietario, otorga el uso de una propiedad a otra persona, denominada arrendatario o inquilino, a cambio de un pago periódico conocido como alquiler. En el contexto del derecho a la vivienda, el alquiler es una forma común de acceso a la vivienda para aquellas personas que no pueden o no desean comprar una propiedad. Los derechos y responsabilidades de arrendadores e inquilinos suelen estar regulados por la legislación local y los términos del contrato de arrendamiento.

Antimonopolio (Derecho de la Competencia): Las leyes antimonopolio, también conocidas como leyes de competencia, son un conjunto de normativas legales que buscan promover y proteger la competencia en los mercados y prevenir la formación y abuso de monopolios. Estas leyes suelen incluir disposiciones para regular las fusiones y adquisiciones de empresas, prohibir prácticas comerciales anticompetitivas, como la fijación de precios o el reparto de mercados, y sancionar a las empresas que participan en actividades que restringen la competencia. El

objetivo principal de las leyes antimonopolio es proteger los intereses de los consumidores y garantizar un mercado justo y eficiente.

Aranceles (Comercio Internacional) (Derecho Aduanero): Los aranceles son impuestos o gravámenes aplicados a los bienes importados o exportados entre países. Su propósito principal es regular el flujo de mercancías a través de las fronteras y proteger la industria nacional de la competencia extranjera. Los aranceles pueden ser "ad valorem", es decir, basados en un porcentaje del valor del producto, o "específicos", fijados como una cantidad monetaria por unidad de peso o volumen del bien. A menudo, los aranceles se utilizan como instrumentos de política comercial para fomentar la producción interna, proteger sectores vulnerables de la economía y generar ingresos para el gobierno. Su aplicación puede estar sujeta a acuerdos comerciales bilaterales o multilaterales, y su nivel puede variar según el tipo de mercancía y la política comercial de cada país.

Arbitraje (Internacional Privado): El arbitraje es un método alternativo de resolución de disputas en el que las partes en conflicto acuerdan someter su controversia a una tercera persona imparcial, el árbitro o tribunal arbitral, en lugar de llevar el caso a un tribunal estatal. Las partes acuerdan seguir las decisiones del árbitro, que se basan en las pruebas y los argumentos presentados por ambas partes durante el proceso arbitral. El arbitraje puede ser utilizado para resolver una variedad de disputas, desde disputas comerciales hasta conflictos de inversión internacional, y es una opción popular debido a su flexibilidad, confidencialidad y capacidad para ofrecer resoluciones rápidas y especializadas.

Asilo (Derechos Refugiados): El asilo es el derecho que tienen las personas perseguidas en su país de origen a buscar protección y refugio en otro país. El asilo puede ser otorgado a aquellos que cumplen con los criterios establecidos en el derecho internacional de los refugiados y en las leyes nacionales de cada país. Los solicitantes de asilo deben demostrar que tienen un temor creíble de persecución y que no pueden obtener protección adecuada en su país de origen. El derecho al asilo está protegido por la Declaración Universal de Derechos Humanos y otros instrumentos internacionales de derechos humanos.

Asilo (Extranjería): El asilo es una protección legal otorgada por un país a personas que huyen de su país de origen debido a persecución, violencia, conflictos armados u otras formas de peligro para su vida o libertad. La solicitud de asilo permite a los solicitantes buscar refugio y protección en otro país y les otorga derechos especiales, como la no devolución (principio de no devolución) y la posibilidad de permanecer en el país de acogida mientras se evalúa su solicitud. Las leyes de asilo varían de un país a otro y pueden incluir criterios específicos para la concesión del estatus de refugiado.

Asistencia (Asistencia Legal): La asistencia en el contexto de la asistencia legal se refiere a la ayuda y apoyo que se brinda a las personas que enfrentan problemas legales o judiciales. Esto puede incluir orientación legal, representación en procedimientos legales, asesoramiento sobre derechos legales y acceso a recursos legales. La asistencia legal se proporciona para garantizar que todos tengan acceso a la justicia y puedan defender sus derechos de manera efectiva dentro del sistema legal.

Auditoría (Derecho Tributario): Una auditoría fiscal es un proceso de revisión exhaustiva de las declaraciones de impuestos y los registros financieros de un contribuyente por parte de las autoridades fiscales para verificar la exactitud y la veracidad de la información presentada y garantizar el cumplimiento de las leyes tributarias. Durante una auditoría, los auditores revisan detenidamente los libros contables, recibos, facturas y otros documentos financieros para

identificar posibles errores, omisiones o evasiones de impuestos. Si se encuentran discrepancias o problemas, el contribuyente puede estar sujeto a multas, intereses o sanciones adicionales, según lo determine la autoridad fiscal.

Autonomía (Pueblos Indígenas): La autonomía se refiere al derecho de los pueblos indígenas a tomar decisiones sobre asuntos que afectan sus vidas, territorios y recursos de acuerdo con sus propias tradiciones, sistemas de gobierno y valores culturales. La autodeterminación es un principio fundamental en el reconocimiento de los derechos de los pueblos indígenas, que incluye la capacidad de participar en la toma de decisiones que afectan su futuro, gestionar sus propios recursos naturales y preservar su patrimonio cultural. La autonomía indígena puede manifestarse en diversas formas, como la autogestión territorial, la administración de sistemas de justicia tradicionales y la protección de conocimientos y prácticas ancestrales.

Banco (Derecho Bancario): En el contexto del derecho bancario, un banco es una institución financiera autorizada por las autoridades competentes para realizar una serie de actividades relacionadas con la intermediación financiera. Estas actividades incluyen la recepción de depósitos, la concesión de préstamos y créditos, la emisión de instrumentos financieros, la gestión de inversiones, entre otros servicios financieros. Los bancos actúan como intermediarios entre los depositantes y los prestatarios, facilitando el flujo de capital en la economía y contribuyendo al desarrollo económico. La regulación bancaria abarca aspectos como la solvencia, la liquidez, la transparencia, la protección al consumidor y la prevención del lavado de dinero.

Beneficios (Seguridad Social): Los beneficios en el contexto de la seguridad social se refieren a los servicios, pagos en efectivo u otras formas de asistencia proporcionados por un sistema de seguridad social para proteger a las personas contra riesgos económicos específicos, como enfermedad, desempleo, jubilación, discapacidad o necesidades familiares. Estos beneficios pueden incluir pensiones, subsidios por desempleo, atención médica, prestaciones por discapacidad, asignaciones familiares y otros tipos de ayuda económica o social, diseñados para garantizar un nivel básico de bienestar y seguridad para todos los miembros de la sociedad.

Bienestar (Derecho de los Animales): El bienestar en el contexto del derecho de los animales se refiere al estado físico y psicológico de los animales, así como a su calidad de vida en entornos humanos o naturales. El derecho al bienestar animal busca garantizar que los animales sean tratados con dignidad y respeto, protegiéndolos de sufrimientos innecesarios y proporcionándoles condiciones de vida que satisfagan sus necesidades básicas, como alimentación adecuada, agua, refugio y atención médica.

Biodiversidad (Derecho Ambiental): La biodiversidad se refiere a la variedad y la diversidad de organismos vivos en un determinado entorno, incluidas todas las especies de plantas, animales, hongos y microorganismos, así como sus interacciones ecológicas. El derecho ambiental aborda la protección y conservación de la biodiversidad, reconociendo su importancia para el funcionamiento saludable de los ecosistemas, la seguridad alimentaria, la medicina, el turismo y otros aspectos de la vida humana y el bienestar.

Burocracia (Derecho Administrativo): La burocracia en el derecho administrativo se refiere al conjunto de estructuras organizativas, procedimientos y prácticas que caracterizan la administración pública y el ejercicio del poder estatal. Este término se utiliza para describir una forma de organización jerárquica y centralizada en la que las decisiones se toman de acuerdo con normas y reglamentos preestablecidos, y donde la autoridad y la responsabilidad están claramente definidas. Si bien la burocracia puede proporcionar estabilidad y eficiencia en la

gestión de los asuntos públicos, también puede ser objeto de críticas por su rigidez, lentitud y falta de adaptabilidad a los cambios sociales y tecnológicos.

Calidad de Vida (Derecho Tercera Edad): La calidad de vida se refiere al bienestar general y la satisfacción con la vida de una persona, que puede estar influenciada por diversos factores, como la salud física y mental, las relaciones sociales, el entorno físico y el acceso a recursos y servicios. En el ámbito del derecho de la tercera edad, la calidad de vida de las personas mayores es un aspecto importante que debe protegerse y promoverse. Los derechos relacionados con la calidad de vida incluyen el acceso a servicios de atención médica adecuados, la participación en actividades sociales y recreativas, y el respeto a la autonomía y la dignidad de las personas mayores.

Cambio Climático (Derecho Ambiental): El cambio climático se refiere a los cambios significativos y duraderos en los patrones climáticos de la Tierra. El derecho ambiental aborda el cambio climático mediante la elaboración de acuerdos internacionales, políticas nacionales y medidas regulatorias destinadas promover la transición hacia una economía baja en carbono. En la actualidad, hay un debate importante sobre la procedencia o idoneidad de estas políticas.

Campaña (Derecho Electoral): Una campaña electoral es un esfuerzo organizado para promover a un candidato político, partido político o causa en el período previo a una elección. En el derecho electoral, las campañas están sujetas a regulaciones que pueden abarcar la financiación de campañas, la publicidad política, los debates electorales y la conducta ética. Las campañas electorales suelen incluir actividades como mítines, discursos, debates, anuncios de televisión y redes sociales, así como el contacto directo con los votantes a través de puerta a puerta, llamadas telefónicas y correo electrónico. El objetivo de una campaña electoral es persuadir a los votantes para que apoyen a un candidato o causa y participen en la elección.

Candidato (Derecho Electoral): Un candidato es una persona que busca ser elegida para ocupar un cargo público en una elección. Los candidatos pueden postularse para cargos políticos como presidente, legislador, alcalde u otros cargos gubernamentales. En el derecho electoral, los candidatos están sujetos a regulaciones que pueden incluir la presentación de declaraciones financieras, la divulgación de antecedentes personales y profesionales, los límites de gastos de campaña y la participación en debates y foros públicos. Los candidatos suelen representar a un partido político o a una coalición de intereses y promueven sus plataformas políticas y propuestas para ganar el apoyo de los votantes.

Capitán (Derecho Marítimo): El capitán es la máxima autoridad a bordo de un buque y tiene la responsabilidad de dirigir y operar la embarcación de manera segura y eficiente. En el ámbito del derecho marítimo, el capitán tiene una serie de obligaciones legales, que incluyen garantizar el cumplimiento de las regulaciones marítimas, la seguridad de la tripulación y los pasajeros, la protección del medio ambiente marino y la seguridad de la carga. El capitán también actúa como representante legal del propietario del buque y puede tomar decisiones importantes en nombre de la nave y su tripulación durante situaciones de emergencia o en caso de abordaje, naufragio u otros incidentes marítimos.

Carga (Derecho Marítimo): La carga se refiere a los bienes, mercancías o materiales transportados a bordo de un buque. En el ámbito del derecho marítimo, la regulación de la carga incluye aspectos relacionados con su embalaje, estiba, aseguramiento y transporte seguro. El contrato de transporte de carga marítima establece los derechos y responsabilidades del transportador (naviero) y el cargador (propietario de la carga) en relación con la entrega segura y oportuna de la carga en su destino. La responsabilidad del transportador por pérdida, daño o

retraso en la entrega de la carga está sujeta a las disposiciones del contrato de transporte y a las leyes marítimas aplicables.

Cartel (Banca de Inversión): En el contexto de la banca de inversión, un cartel se refiere a un acuerdo ilegal entre varias instituciones financieras para coordinar sus actividades y manipular el mercado en su propio beneficio. Estas prácticas anticompetitivas pueden incluir la fijación de precios, la repartición del mercado, la limitación de la oferta de servicios o la exclusión de nuevos competidores. Los carteles en la banca de inversión son ilegales y pueden estar sujetos a investigaciones y sanciones por parte de las autoridades reguladoras.

Cartel (Derecho de la Competencia) (Banca de Inversión): Un cartel es un acuerdo formal o informal entre competidores en un mercado para coordinar sus acciones y restringir la competencia, usualmente mediante la fijación de precios, la asignación de cuotas de mercado o la limitación de la producción. Los carteles suelen ser ilegales según las leyes de competencia debido a que distorsionan el mercado y perjudican a los consumidores al aumentar los precios y limitar las opciones. Las autoridades de competencia trabajan para detectar y sancionar a los carteles, así como para prevenir su formación y operación. Los carteles en la banca de inversión también son ilegales y pueden estar sujetos a investigaciones y sanciones por parte de las autoridades reguladoras.

Certificación (Derecho Notarial): La certificación notarial es el acto mediante el cual un notario público atestigua la autenticidad, la veracidad o la validez de un acto, hecho o documento. La certificación notarial confiere fe pública al contenido certificado, lo que significa que el notario da fe de la exactitud y la legalidad de lo certificado. Este proceso puede implicar la comprobación de la identidad de las partes, la verificación de la autenticidad de las firmas o la constatación de la conformidad del documento con la ley. La certificación notarial puede ser requerida en una variedad de contextos legales y comerciales, y tiene como objetivo principal otorgar seguridad jurídica y confianza en las transacciones y actos jurídicos.

Ciberseguridad (Derecho Informático): La ciberseguridad se refiere a las medidas y políticas diseñadas para proteger sistemas informáticos, redes y datos contra amenazas, ataques y accesos no autorizados. En el ámbito del derecho informático, la ciberseguridad aborda aspectos legales relacionados con la protección de la información digital, la prevención de delitos informáticos y el cumplimiento de las normativas de seguridad cibernética. Esto puede incluir leyes y regulaciones que establecen estándares de seguridad, responsabilidad legal por violaciones de seguridad y protección de la privacidad de los usuarios en línea.

Ciudadanía (Constitucional): La ciudadanía se refiere al estatus legal y político de pertenencia a un Estado o país, junto con los derechos, deberes y privilegios que conlleva. La constitución de un país puede establecer los criterios y requisitos para la adquisición y pérdida de la ciudadanía, así como los derechos y responsabilidades asociados con ella. Los ciudadanos suelen tener derecho a participar en el gobierno a través del voto y pueden disfrutar de ciertos derechos y protecciones legales que no están disponibles para los no ciudadanos.

Ciudadanía (Nacionalidad): La ciudadanía es un estatus legal que confiere derechos y responsabilidades específicos dentro de un país. Los ciudadanos tienen derechos como el derecho a votar, a postularse para cargos públicos, a recibir protección consular y a acceder a servicios sociales y beneficios del gobierno. También tienen deberes como obedecer las leyes, pagar impuestos y defender el país si es necesario. La ciudadanía puede ser adquirida por nacimiento, por naturalización o por otros medios establecidos por la ley de cada país.

Clonación (Derecho. Bioética): La clonación es un proceso científico que implica la creación de copias genéticamente idénticas de organismos vivos, células o moléculas. En el contexto de la bioética, la clonación plantea importantes cuestiones éticas y morales relacionadas con la manipulación genética, la identidad individual, la dignidad humana y el potencial abuso de la tecnología. La clonación de seres humanos plantea preocupaciones éticas significativas y ha generado debates sobre su aceptabilidad y regulación en diferentes contextos legales y culturales.

Cobro (Derecho Bancario): En el ámbito del derecho bancario se refiere al conjunto de actividades y procedimientos realizados por una entidad financiera para recuperar los pagos vencidos o impagos de sus clientes. Estas actividades pueden incluir el envío de recordatorios de pago, la negociación de planes de refinanciación, el cobro de comisiones por mora, el inicio de acciones legales para el recobro de la deuda, entre otras medidas. La regulación del cobro bancario abarca aspectos relacionados con la protección al consumidor, los derechos de los deudores, las prácticas de cobro justas y éticas, y el cumplimiento de la normativa aplicable en materia de deudas y créditos.

Colegio Electoral (Derecho Electoral): El Colegio Electoral es un mecanismo utilizado en algunos sistemas electorales para elegir al jefe de Estado o al jefe de gobierno, como el presidente en un sistema presidencialista. Los electores del Colegio Electoral son seleccionados para representar a los votantes en cada estado o jurisdicción, y son responsables de emitir votos en nombre de sus electores para elegir al presidente y al vicepresidente. En algunos países, como Estados Unidos, el Colegio Electoral puede influir en el resultado de la elección presidencial, ya que no siempre refleja directamente el voto popular nacional.

Comercio (Comercio Internacional): El comercio internacional se refiere al intercambio de bienes y servicios entre países, regiones o economías. Este intercambio puede tener lugar a través de la exportación e importación de productos, y juega un papel crucial en la economía global al permitir que los países se especialicen en la producción de bienes y servicios en los que tienen ventajas comparativas. El comercio internacional puede beneficiar a los países al mejorar la eficiencia económica, fomentar la competencia, aumentar la disponibilidad de bienes y servicios y estimular el crecimiento económico.

Comercio (Derecho Aduanero): El comercio es el intercambio de bienes, servicios o productos entre diferentes partes, ya sea dentro de un país (comercio interno) o entre diferentes países (comercio internacional). En el ámbito del derecho aduanero, el comercio se encuentra regulado por una serie de normas y acuerdos internacionales que establecen las condiciones para el intercambio de mercancías entre países. Estas normas pueden incluir aranceles, cuotas de importación y exportación, medidas sanitarias y fitosanitarias, requisitos de etiquetado, normas de origen y reglas de comercio justo, entre otros aspectos. El derecho aduanero juega un papel fundamental en la facilitación y regulación del comercio internacional al garantizar el cumplimiento de estas normas y regulaciones.

Comercio (Derecho Mercantil): En el ámbito del derecho mercantil, el comercio se refiere a las actividades económicas relacionadas con la compra, venta o intercambio de bienes y servicios entre empresas, individuos o países. Estas transacciones comerciales están reguladas por normas legales y comerciales que abordan aspectos como la formación y ejecución de contratos, la competencia leal, la protección del consumidor y la resolución de disputas comerciales. El derecho mercantil establece el marco legal que rige las operaciones comerciales y fomenta la eficiencia y la equidad en los mercados.

Comercio (Derecho. Consumidor): El comercio en el contexto del derecho del consumidor se refiere a la transacción de bienes y servicios entre proveedores y consumidores. Incluye todas las actividades comerciales, como la compra y venta de productos, contratación de servicios y cualquier intercambio económico entre las partes. El derecho del consumidor regula estas transacciones para garantizar que los consumidores estén protegidos contra prácticas comerciales injustas o engañosas y que se respeten sus derechos en el mercado.

Competencia (Banca de Inversión): La competencia en el ámbito de la banca de inversión se refiere a la rivalidad entre las distintas instituciones financieras que operan en el mercado para captar clientes y realizar transacciones financieras. En el contexto de la banca de inversión, la competencia puede manifestarse en la oferta de servicios, la estructuración de productos financieros, los honorarios cobrados, la calidad de ejecución y otros aspectos relacionados con la intermediación financiera. Una mayor competencia puede conducir a una mayor innovación, mejores precios y mayores beneficios para los clientes.

Competencia Desleal (Derecho de la Competencia): La competencia desleal se refiere a prácticas comerciales engañosas, deshonestas o fraudulentas que tienen como objetivo obtener una ventaja competitiva injusta sobre otros competidores. Esto puede incluir la difamación de la competencia, el uso de información confidencial, la violación de derechos de propiedad intelectual, el engaño al consumidor o la manipulación del mercado. Las leyes y regulaciones contra la competencia desleal están diseñadas para proteger la integridad del mercado y garantizar que todas las empresas compitan en igualdad de condiciones.

Compras (Derecho. Consumidor): Las compras se refieren a las transacciones en las que un consumidor adquiere bienes o servicios a cambio de un pago. En el contexto del derecho del consumidor, las compras están sujetas a regulaciones que protegen los derechos de los consumidores, como el derecho a recibir productos de calidad, el derecho a la información precisa sobre los productos y servicios, y el derecho a un recurso en caso de incumplimiento por parte del proveedor.

Condiciones (Derecho Laboral): Las condiciones de trabajo se refieren al conjunto de circunstancias y elementos que rodean la prestación del trabajo y que afectan la salud, seguridad, bienestar y dignidad de los trabajadores. Esto incluye aspectos como el horario laboral, las jornadas de trabajo, los descansos, la seguridad laboral, la protección de la salud, la higiene en el trabajo, el ambiente laboral, el derecho a la conciliación de la vida laboral y familiar, entre otros. La legislación laboral establece normas y estándares mínimos de condiciones de trabajo, así como mecanismos para garantizar su cumplimiento y proteger los derechos de los trabajadores frente a condiciones laborales abusivas o peligrosas.

Conductor (Tráfico y Seguridad Vial): En el contexto del tráfico y la seguridad vial, un conductor es cualquier persona que maneja un vehículo en una vía pública. Los conductores son responsables de operar sus vehículos de manera segura y respetar las normas de tránsito establecidas para prevenir accidentes y garantizar la seguridad de todos los usuarios de la vía. Para conducir legalmente, los conductores suelen requerir una licencia de conducir válida emitida por las autoridades competentes, la cual certifica que han cumplido con los requisitos mínimos de aptitud y conocimientos para operar un vehículo en las vías públicas.

Conflicto (Internacional Privado): En el contexto del derecho internacional privado, un conflicto surge cuando dos o más sistemas legales tienen reglas o principios diferentes que podrían aplicarse a una situación legal determinada. Estos conflictos pueden surgir en una variedad de situaciones, como contratos internacionales, disputas de familia transnacionales o litigios

comerciales internacionales. La resolución de conflictos en casos internacionales generalmente implica determinar qué ley es aplicable y qué tribunal tiene jurisdicción sobre el asunto en cuestión, lo que puede requerir el análisis de reglas de conflicto de leyes y la aplicación de tratados internacionales pertinentes.

Conflictos (Internacional): Los conflictos en el derecho internacional se refieren a disputas o desacuerdos entre estados u otras entidades internacionales que pueden surgir por una variedad de razones, como diferencias territoriales, intereses divergentes o violaciones de normas internacionales. Estos conflictos pueden variar en gravedad y pueden involucrar disputas diplomáticas, económicas o militares. La gestión y resolución de conflictos son elementos fundamentales del derecho internacional, y se utilizan diversos mecanismos, como la mediación, el arbitraje y los tribunales internacionales, para buscar soluciones pacíficas y duraderas.

Consentimiento (Derecho de la Salud): El consentimiento en el ámbito de la salud se refiere al acuerdo informado y voluntario de una persona para recibir tratamiento médico o participar en procedimientos médicos, como cirugías, procedimientos diagnósticos o ensayos clínicos. El consentimiento informado implica que el paciente reciba información completa y comprensible sobre los riesgos, beneficios, alternativas y consecuencias del tratamiento propuesto, y tenga la capacidad de tomar una decisión libre de presiones externas. El consentimiento es un principio fundamental en la ética médica y el derecho de la salud, que protege la autonomía y la dignidad del paciente.

Consentimiento (Derecho. Bioética): El consentimiento informado es un principio ético fundamental en la bioética que requiere que los pacientes comprendan completamente los posibles riesgos, beneficios y alternativas de un tratamiento médico o procedimiento antes de dar su consentimiento para recibirlo. Este proceso garantiza que los pacientes puedan tomar decisiones informadas y autónomas sobre su atención médica, respetando su autonomía y dignidad. El consentimiento informado es especialmente importante en situaciones de experimentación médica, donde los pacientes pueden estar expuestos a tratamientos experimentales o desconocidos.

Conservación (Derecho Ambiental): La conservación en el derecho ambiental se refiere a la protección y preservación de los recursos naturales y ecosistemas para su uso sostenible y disfrute de las generaciones presentes y futuras. El derecho ambiental establece medidas y políticas para la conservación de la biodiversidad, la gestión de áreas protegidas, la restauración de ecosistemas degradados y la protección de hábitats naturales de flora y fauna. Esto incluye la creación de parques nacionales, reservas naturales, áreas marinas protegidas y otras medidas de conservación destinadas a mantener la integridad y la diversidad de los ecosistemas.

Constitución (Constitucional): Una constitución es un documento legal fundamental que establece las estructuras, funciones y principios fundamentales de un Estado o país. Sirve como la ley suprema del país y establece los derechos y deberes de los ciudadanos, así como la organización y los límites del gobierno. La constitución puede abordar una amplia gama de temas, como la separación de poderes, la estructura del gobierno, los derechos individuales, la distribución de competencias entre los diferentes niveles de gobierno y los procedimientos para la modificación o enmienda de la constitución misma. En muchos países, la constitución se considera un documento fundamental que refleja los valores y aspiraciones de la nación y proporciona un marco para la gobernanza y el ejercicio del poder.

Consulta (Pueblos Indígenas): La consulta previa, libre e informada es un derecho reconocido internacionalmente que garantiza que los pueblos indígenas sean consultados de manera

significativa antes de que se tomen decisiones que puedan afectar sus derechos, tierras, recursos o formas de vida. Esto incluye proyectos de desarrollo, explotación de recursos naturales, actividades industriales u otras acciones gubernamentales que puedan tener un impacto significativo en las comunidades indígenas. La consulta debe ser realizada de buena fe, de manera culturalmente adecuada y con la participación plena y efectiva de los pueblos indígenas.

Consumidor (Banca de Inversión): En el contexto de la banca de inversión, el término "consumidor" se refiere a los individuos, empresas u otras entidades que utilizan los servicios financieros ofrecidos por las instituciones bancarias. Los consumidores en este contexto pueden incluir inversores individuales, corporaciones, fondos de inversión, fondos de pensiones y otras entidades financieras. La protección de los consumidores es un aspecto importante de la regulación financiera, que busca garantizar que los clientes reciban información adecuada, productos y servicios de calidad, y estén protegidos contra prácticas abusivas o fraudulentas.

Consumidor (Derecho de Consumo): El consumidor es la persona que adquiere bienes o servicios para su uso personal, familiar o doméstico, fuera del ámbito de una actividad empresarial o profesional. En el derecho de consumo, se reconocen los derechos del consumidor para protegerlo contra prácticas comerciales desleales, productos defectuosos, publicidad engañosa y otros abusos por parte de los proveedores. Estos derechos suelen incluir el derecho a la información clara y completa sobre los productos y servicios, el derecho a la reparación o reemplazo de productos defectuosos, y el derecho a una compensación por daños y perjuicios en caso de incumplimiento del contrato o prácticas comerciales injustas.

Contaminación (Derecho Ambiental): La contaminación en el derecho ambiental se refiere a la introducción o presencia en el medio ambiente de sustancias o formas de energía que causan efectos adversos directos o indirectos en la salud humana, la calidad de vida, la integridad de los ecosistemas o los bienes materiales. El derecho ambiental aborda la contaminación mediante la imposición de normativas y regulaciones que controlan y reducen la emisión de contaminantes, así como mediante la aplicación de medidas de prevención, control y remediación de la contaminación en todas sus formas, incluyendo la contaminación del aire, del agua y del suelo, así como la contaminación sonora y lumínica.

Contaminación (Derecho Internacional del Mar): La contaminación marina es la introducción de sustancias nocivas o perjudiciales en el medio marino, ya sea de manera intencional o accidental. Esto puede incluir contaminantes químicos, desechos plásticos, derrames de petróleo y aguas residuales, entre otros. El derecho internacional del mar aborda la prevención y mitigación de la contaminación marina a través de una serie de instrumentos legales, como convenios y protocolos internacionales. Estos acuerdos establecen normas y regulaciones para prevenir la contaminación, controlar las emisiones y promover la cooperación internacional en la respuesta a incidentes de contaminación marina.

Continental (Derecho Internacional del Mar): La plataforma continental es una extensión natural del territorio terrestre de un estado costero que se extiende desde su línea de base hasta el borde exterior de la margen continental o hasta una distancia de 200 millas náuticas, lo que sea mayor. El derecho internacional del mar reconoce los derechos del estado costero sobre la plataforma continental para la explotación de recursos naturales, como los minerales y los hidrocarburos, así como para la realización de actividades científicas y de investigación. Los límites de la plataforma continental y los derechos de los estados costeros sobre ella están sujetos a la presentación de reclamaciones ante la Comisión de Límites de la Plataforma

Continental de las Naciones Unidas y a la resolución de disputas mediante mecanismos internacionales.

Contratación (Derecho Administrativo): La contratación en el derecho administrativo se refiere al proceso mediante el cual la administración pública celebra contratos con individuos, empresas u otras entidades para la adquisición de bienes, la prestación de servicios o la ejecución de obras en el marco de sus competencias y funciones. Este proceso implica la selección de proveedores a través de procedimientos competitivos y transparentes, la negociación de términos y condiciones contractuales, y el cumplimiento de requisitos legales y administrativos para garantizar la legalidad, la eficiencia y la economía en el uso de los recursos públicos.

Contrato (Derecho Civil): Un contrato es un acuerdo voluntario entre dos o más partes que establece derechos y obligaciones vinculantes para cada una de ellas. Puede implicar la compra o venta de bienes, la prestación de servicios, el arrendamiento de propiedades o cualquier otra transacción legalmente reconocida. Para que un contrato sea válido, debe cumplir con ciertos requisitos legales, como el consentimiento libre y voluntario de las partes, la capacidad legal para contratar, un objeto lícito y determinado, y la forma requerida por la ley en algunos casos. Los contratos pueden ser escritos o verbales, y pueden estar sujetos a diversas leyes y regulaciones dependiendo del tipo de contrato y la jurisdicción aplicable.

Contrato (Derecho de Consumo) (Derecho Mercantil): En el derecho de consumo, el contrato es un acuerdo legal entre un consumidor y un proveedor de bienes o servicios que establece los términos y condiciones de la transacción comercial. Los contratos de consumo pueden ser verbales o escritos y suelen incluir detalles como la descripción de los bienes o servicios, el precio, las condiciones de entrega o prestación, las garantías, las políticas de devolución y cualquier otra información relevante para la transacción. Los consumidores están protegidos por leyes y regulaciones que regulan los contratos de consumo y establecen requisitos mínimos de protección, como el derecho a recibir información clara y comprensible sobre los términos del contrato y el derecho a rescindir el contrato en ciertas circunstancias.

Contrato (Derecho Laboral): El contrato laboral es un acuerdo legal y voluntario entre un empleador y un empleado en el que se establecen las condiciones de trabajo, los derechos y obligaciones de ambas partes. Este acuerdo puede ser verbal o escrito, aunque en muchos países se exige que ciertos contratos laborales sean por escrito para garantizar una mayor protección de los derechos de los trabajadores. Los elementos fundamentales de un contrato laboral suelen incluir la identificación de las partes, la descripción del trabajo a realizar, la remuneración, las condiciones de trabajo, los horarios, las prestaciones sociales y las cláusulas relativas a la terminación del contrato.

Contrato (Internacional Privado): En el ámbito del derecho internacional privado, un contrato es un acuerdo legal entre dos o más partes que crea derechos y obligaciones legalmente vinculantes. Estos acuerdos pueden abordar una variedad de asuntos, como la compra y venta de bienes, la prestación de servicios, la contratación laboral, entre otros. En el contexto internacional, los contratos pueden involucrar a partes ubicadas en diferentes países, lo que puede plantear cuestiones específicas relacionadas con la ley aplicable, la jurisdicción competente y el reconocimiento y ejecución de los contratos en diferentes jurisdicciones. Los contratos internacionales a menudo requieren una cuidadosa planificación y redacción para abordar adecuadamente las complejidades legales y evitar conflictos entre las leyes de diferentes países.

Contribuyente (Derecho Tributario): Un contribuyente es una persona física, empresa u organización que está sujeta a la obligación legal de pagar impuestos al gobierno. Los contribuyentes pueden incluir empleados que pagan impuestos sobre la renta, propietarios de viviendas que pagan impuestos sobre la propiedad, consumidores que pagan impuestos sobre las ventas y empresas que pagan impuestos sobre las ganancias. Los contribuyentes tienen derechos y responsabilidades legales en relación con sus obligaciones fiscales, incluido el deber de presentar declaraciones de impuestos precisas y oportunas, y el derecho a recibir ciertos beneficios fiscales y protecciones legales.

Convención (Derechos Humanos): Una convención en el contexto de los derechos humanos se refiere a un acuerdo internacional entre estados para establecer normas y estándares comunes en áreas específicas relacionadas con los derechos humanos. Estos acuerdos son vinculantes para los estados partes y generalmente incluyen disposiciones sobre la protección y promoción de derechos fundamentales, así como mecanismos para supervisar el cumplimiento de las obligaciones establecidas en la convención. Ejemplos de convenciones importantes en el ámbito de los derechos humanos incluyen la Convención sobre los Derechos del Niño, la Convención contra la Tortura y Otros Tratos o Penas Crueles, Inhumanos o Degradantes, y la Convención Internacional sobre la Eliminación de Todas las Formas de Discriminación Racial.

Convención (Internacional Privado): Una convención en el contexto del derecho internacional privado se refiere a un tratado o acuerdo internacional entre países que establece reglas y normas comunes sobre un tema específico. Las convenciones pueden abordar una amplia gama de temas legales, como el reconocimiento mutuo de sentencias judiciales, la protección de los derechos de propiedad intelectual, la resolución de disputas comerciales, entre otros. Estos acuerdos tienen como objetivo promover la cooperación y la armonización de las leyes entre los Estados parte, facilitando así la realización de transacciones internacionales y la resolución de conflictos en un marco legal establecido.

Convención (Internacional): Una convención en el contexto del derecho internacional se refiere a un tratado multilateral negociado entre múltiples estados o entidades internacionales con el objetivo de regular un tema específico de interés común. Las convenciones pueden abordar una amplia gama de temas, como los derechos humanos, el medio ambiente, el comercio y la seguridad internacional. Al igual que otros tratados, una convención se convierte en parte del derecho internacional una vez que ha sido ratificada por los estados participantes de acuerdo con sus procedimientos internos. Las convenciones internacionales pueden desempeñar un papel importante en la promoción de la cooperación internacional y el establecimiento de normas comunes en áreas de interés global.

Convenio Colectivo (Derecho de Trabajo): Un convenio colectivo es un acuerdo formal negociado entre un sindicato u organización de trabajadores y un empleador o grupo de empleadores que establece los términos y condiciones de empleo para los trabajadores representados por el sindicato. Los convenios colectivos suelen abordar cuestiones como salarios, horarios laborales, beneficios, seguridad laboral, capacitación y desarrollo profesional, así como procedimientos para la resolución de disputas laborales. Los convenios colectivos son legalmente vinculantes y establecen los derechos y responsabilidades tanto de los empleadores como de los trabajadores durante la duración del acuerdo.

Copia (Derecho Notarial): Una copia notarial es una reproducción autorizada y certificada de un documento original realizada por un notario público. Las copias notariales tienen la misma validez y eficacia probatoria que el documento original del que proceden, ya que el notario, al

certificar la copia, garantiza su conformidad con el original y su autenticidad. Las copias notariales se utilizan comúnmente para acreditar la existencia y el contenido de un documento sin necesidad de presentar el original, lo que facilita su uso en trámites administrativos, judiciales o comerciales.

Copyright (Propiedad Intelectual): El copyright, o derecho de autor, es un conjunto de derechos exclusivos otorgados a los creadores de obras literarias, artísticas, musicales, cinematográficas y otras obras originales, tanto publicadas como no publicadas. Estos derechos incluyen el derecho de reproducción, distribución, exhibición, ejecución y adaptación de la obra, y son automáticos una vez que la obra es creada y fijada en un medio tangible. Aunque el registro de copyright no es necesario para proteger una obra, puede facilitar la defensa de los derechos de autor en caso de infracción.

Cotización (Seguridad Social): La cotización en el contexto de la seguridad social se refiere a los pagos periódicos realizados por los trabajadores, empleadores o autónomos a un sistema de seguridad social para financiar programas de protección social y prestaciones, como pensiones, seguro de salud, subsidios por desempleo, entre otros. Estas cotizaciones suelen basarse en un porcentaje del salario o ingreso del trabajador y están destinadas a garantizar la sostenibilidad financiera del sistema de seguridad social y la prestación de beneficios a aquellos que los necesitan.

Crímenes (Penal Internacional): En el ámbito del derecho penal internacional, los crímenes se refieren a actos considerados como graves violaciones del derecho internacional, especialmente aquellos que atentan contra la humanidad, la paz y la seguridad internacionales. Estos crímenes suelen incluir genocidio, crímenes de guerra, crímenes de lesa humanidad y agresión. Se considera que los crímenes internacionales son ofensas que afectan no solo a individuos, sino también a la comunidad internacional en su conjunto, y pueden ser perseguidos y juzgados por tribunales internacionales o nacionales en virtud del principio de jurisdicción universal.

Crímenes de Guerra (Derechos Humanos): Los crímenes de guerra son actos violatorios del derecho internacional humanitario cometidos durante conflictos armados que constituyen graves violaciones de los derechos humanos y las leyes de la guerra. Estos actos incluyen el asesinato, la tortura, el trato cruel, la toma de rehenes, la destrucción deliberada de bienes civiles, la violencia sexual y otros actos que causan sufrimiento innecesario o lesiones graves a civiles y personas no combatientes. Los crímenes de guerra están prohibidos por el derecho internacional y pueden ser enjuiciados por tribunales nacionales e internacionales, como la Corte Penal Internacional, que tiene jurisdicción sobre crímenes de guerra, crímenes de lesa humanidad y genocidio.

Crueldad (Derecho de los Animales): La crueldad en el ámbito del derecho de los animales se refiere a cualquier acto intencional que cause daño, sufrimiento o estrés a un animal. Esto puede incluir abuso físico, negligencia, abandono, explotación y cualquier forma de tratamiento inhumano. Las leyes y regulaciones contra la crueldad animal buscan prevenir y castigar estos actos, así como promover una cultura de respeto y compasión hacia los animales en la sociedad.

Cuidados (Derecho Tercera Edad): Los cuidados se refieren a la asistencia y atención que se brinda a las personas mayores para satisfacer sus necesidades físicas, emocionales y sociales. Esto puede incluir cuidados personales, como ayuda con el baño, la alimentación y la movilidad, así como cuidados médicos, terapéuticos y de apoyo emocional. En el marco del derecho de la tercera edad, los cuidados son fundamentales para garantizar el bienestar y la calidad de vida de las personas mayores. Los derechos relacionados con los cuidados incluyen el acceso a servicios

de atención de calidad, el respeto a la dignidad y la privacidad, y la protección contra el maltrato y la negligencia.

Culpable (Derechos Humanos): Una persona es considerada culpable cuando se demuestra su responsabilidad en la comisión de un delito mediante un proceso judicial en el que se respeten todas las garantías procesales y se cumplan los principios del debido proceso. La declaración de culpabilidad implica que la persona ha infringido la ley y es sujeta a una pena o sanción, la cual puede incluir penas privativas de libertad, multas, trabajo comunitario, entre otras medidas. Es importante destacar que la presunción de inocencia es un principio fundamental en el sistema judicial y que la culpabilidad debe ser probada más allá de toda duda razonable antes de dictar una sentencia condenatoria.

Cultura (Pueblos Indígenas): La cultura indígena es un aspecto integral de la identidad y el modo de vida de los pueblos originarios. Incluye sus tradiciones, idiomas, rituales, prácticas espirituales, artesanías, música, danza, sistemas de conocimiento, y su relación con la tierra y la naturaleza. La preservación de la cultura indígena es fundamental para garantizar la continuidad de sus comunidades y su capacidad para transmitir sus conocimientos y valores a las generaciones futuras.

Custodia (Derecho de Familia): La custodia en el derecho de familia se refiere a la responsabilidad legal de cuidar y tomar decisiones en nombre de un niño o adolescente que pueden incluir aspectos relacionados con la crianza, la educación, la salud y el bienestar general del menor. La custodia puede ser otorgada a uno o ambos padres, o en algunos casos a un tutor legal, y puede ser física, legal o conjunta, dependiendo de las circunstancias específicas del caso y las leyes aplicables. El derecho de familia regula aspectos relacionados con la custodia, como la determinación de la custodia durante y después del divorcio, la modificación de acuerdos de custodia y la resolución de disputas relacionadas con la custodia mediante procedimientos judiciales o extrajudiciales.

Custodia (Derecho de la Niñez): La custodia se refiere a la responsabilidad legal de cuidar y proteger a un niño. Puede referirse tanto a la custodia física, que implica la responsabilidad de proveer cuidado diario y residencia al niño, como a la custodia legal, que otorga la autoridad para tomar decisiones importantes sobre la vida del niño, como la educación, la salud y la religión. La custodia puede ser otorgada a los padres biológicos, tutores legales u otras personas designadas por un tribunal, dependiendo de las circunstancias individuales y el interés superior del niño.

Datos Personales (Derecho Informático): Los datos personales son cualquier información relacionada con una persona física identificada o identificable. En el ámbito del derecho informático, la protección de datos personales es un aspecto fundamental para garantizar la privacidad y la seguridad de los individuos en línea. Las leyes y regulaciones de protección de datos establecen los principios y requisitos para el tratamiento adecuado de los datos personales por parte de organizaciones y empresas que operan en entornos digitales. Esto incluye aspectos como la recopilación, el almacenamiento, el uso, la transferencia y la eliminación de datos personales, así como la obligación de obtener el consentimiento de los individuos para su procesamiento.

Declaración (Derecho Tributario): Una declaración de impuestos es un documento oficial presentado por un contribuyente ante la autoridad fiscal, en el cual se detallan los ingresos, deducciones, créditos fiscales y otros elementos relevantes para calcular la cantidad de impuestos que se deben pagar o que se les debe reembolsar. Las declaraciones de impuestos

suelen presentarse anualmente, aunque pueden ser trimestrales o mensuales en algunos casos, y varían según el tipo de impuesto y la jurisdicción fiscal. Es importante presentar declaraciones precisas y completas para cumplir con las obligaciones fiscales y evitar posibles sanciones o auditorías por parte de las autoridades fiscales.

Defensa (Asistencia Legal): La defensa en el contexto de la asistencia legal se refiere al acto de representar y proteger los intereses legales de una persona acusada de un delito o involucrada en un proceso legal. Un abogado defensor, ya sea designado por el tribunal o contratado por el individuo, asume la responsabilidad de proporcionar una representación competente y efectiva, garantizando que el acusado comprenda sus derechos legales y tenga la oportunidad de presentar su caso de manera adecuada ante la corte.

Delito (Derecho Penal): Un delito es una conducta prohibida por la ley y sancionada con una pena. Puede ser una acción u omisión que infringe normas jurídicas y causa un daño o pone en peligro un bien jurídico protegido. Los delitos pueden clasificarse en diferentes categorías, como delitos contra la vida, la libertad, la propiedad, la seguridad pública, entre otros. La persecución y sanción de los delitos se lleva a cabo a través del sistema de justicia penal, que garantiza los derechos fundamentales de las personas involucradas.

Delitos Cibernéticos (Derecho Informático): Los delitos cibernéticos, también conocidos como ciberdelitos, son actividades ilegales que se cometen mediante el uso de computadoras, redes informáticas y tecnologías de la información. En el ámbito del derecho informático, los delitos cibernéticos abarcan una amplia gama de conductas delictivas, como el fraude en línea, el robo de identidad, el acceso no autorizado a sistemas informáticos, el acoso cibernético, la difusión de malware y el ciberespionaje. La legislación sobre delitos cibernéticos busca prevenir, investigar y sancionar este tipo de actividades, así como proteger a los individuos y organizaciones contra las amenazas cibernéticas.

Dependencia (Derecho Tercera Edad): La dependencia se refiere a la condición en la que una persona, debido a su edad, discapacidad o enfermedad, requiere asistencia o cuidado para realizar actividades básicas de la vida diaria, como vestirse, alimentarse o movilizarse. En el ámbito del derecho de la tercera edad, la dependencia puede implicar la necesidad de servicios de atención a largo plazo, como cuidados domiciliarios, atención en residencias especializadas o apoyo comunitario. Los derechos de las personas mayores dependientes incluyen el acceso a servicios de calidad, el respeto a su autonomía y dignidad, y la protección contra el abuso o la negligencia.

Deportación (Extranjería): La deportación es el acto administrativo o judicial por el cual una persona es expulsada o devuelta a su país de origen o a otro país donde tenga nacionalidad o residencia legal. La deportación puede ser el resultado de una decisión de las autoridades migratorias debido a la violación de las leyes de inmigración, como la estancia ilegal, la comisión de delitos o el incumplimiento de condiciones de residencia. La deportación puede tener consecuencias significativas para la persona deportada, incluida la separación de la familia y la pérdida de derechos en el país de destino.

Derecho de Asilo (Derechos Refugiados): El derecho de asilo es un principio fundamental del derecho internacional que protege a las personas que huyen de la persecución en su país de origen. Según este principio, los países tienen la obligación de brindar protección y refugio a aquellos que buscan asilo y no pueden regresar a sus países debido a un temor bien fundado de persecución. El derecho de asilo está consagrado en instrumentos internacionales como la Convención sobre el Estatuto de los Refugiados de 1951 y su Protocolo de 1967, que establecen

las normas para la protección de los refugiados y los principios de no devolución y no discriminación.

Derecho Penal (Derecho Penal): El derecho penal es una rama del derecho que se encarga del estudio de los delitos, las penas y las medidas de seguridad, así como de regular las relaciones entre el Estado y los individuos en materia de justicia penal. Se basa en el principio de legalidad, que establece que no hay delito ni pena sin ley previa que los defina, y en el principio de culpabilidad, que exige la demostración de la responsabilidad individual del acusado en la comisión del delito.

Derecho Sucesorio (Derecho Sucesorio): El derecho sucesorio es la rama del derecho que regula la transmisión de los derechos, bienes y obligaciones de una persona fallecida a sus herederos o legatarios. Esta área del derecho establece las normas y procedimientos para la distribución de la herencia del difunto entre sus sucesores, ya sea según lo dispuesto en un testamento válido o de acuerdo con las leyes de sucesión intestada en ausencia de un testamento. El derecho sucesorio aborda cuestiones como la determinación de quiénes son los herederos legítimos, la validez y interpretación de los testamentos, la administración de la herencia y la protección de los derechos sucesorios de los beneficiarios.

Derechos (Constitucional): Los derechos constitucionales son aquellos derechos fundamentales y protecciones legales garantizados por la constitución de un país. Estos derechos pueden incluir libertades civiles básicas, como la libertad de expresión, la libertad de religión, la libertad de prensa y el derecho a un juicio justo, así como derechos sociales, económicos y culturales, como el derecho a la educación, el derecho a la vivienda y el derecho a la atención médica. Los derechos constitucionales están diseñados para proteger los intereses y la dignidad de los ciudadanos frente al poder del Estado y garantizar un nivel mínimo de igualdad y justicia en la sociedad.

Derechos (Derecho de Consumo): Los derechos del consumidor son un conjunto de prerrogativas reconocidas por la ley que protegen los intereses y la seguridad de los consumidores en las transacciones comerciales. Estos derechos incluyen, entre otros, el derecho a la información clara y veraz sobre los productos y servicios, el derecho a la seguridad y calidad de los bienes adquiridos, el derecho a la reparación o reemplazo de productos defectuosos, el derecho a la devolución del dinero en caso de incumplimiento, el derecho a la protección contra prácticas comerciales abusivas o engañosas, y el derecho a presentar reclamaciones y demandas en caso de vulneración de sus derechos. Los derechos del consumidor son fundamentales para garantizar relaciones comerciales justas, equitativas y transparentes entre proveedores y consumidores.

Derechos (Derecho de los Animales): Los derechos en el contexto del derecho de los animales se refieren a la noción de que los animales tienen derechos intrínsecos, como el derecho a la vida, la libertad y la protección contra el sufrimiento innecesario. Esta perspectiva sostiene que los animales no deben ser considerados meros objetos de propiedad, sino que tienen intereses propios que deben ser respetados y protegidos por la ley. Los defensores de los derechos de los animales abogan por reconocer legalmente estos derechos y otorgar a los animales un estatus jurídico que refleje su capacidad para experimentar dolor y sufrimiento.

Derechos (Derecho. Consumidor): Los derechos del consumidor son los derechos fundamentales que tienen las personas como compradores de bienes y usuarios de servicios. Estos derechos incluyen, entre otros, el derecho a la información clara y veraz sobre los productos y servicios, el derecho a la seguridad y calidad de los productos, el derecho a la

elección y a la libre competencia, el derecho a la privacidad y protección de datos, el derecho a un trato justo y equitativo, y el derecho a un recurso efectivo en caso de incumplimiento por parte de los proveedores. Estos derechos están respaldados por leyes y regulaciones específicas que protegen los intereses de los consumidores y promueven la equidad y la transparencia en el mercado.

Derechos Civiles (Derechos Humanos) (Derecho Penal Internacional): Los derechos civiles son aquellos derechos fundamentales que protegen la libertad individual y la igualdad ante la ley de las personas frente a la acción del gobierno y de otros individuos. Incluyen derechos como la libertad de expresión, la libertad de religión, el derecho a un juicio justo, el derecho a la privacidad y el derecho a la no discriminación. Los derechos civiles están consagrados en documentos legales como las constituciones nacionales, los tratados internacionales de derechos humanos y las leyes nacionales. Su protección es fundamental para el funcionamiento de una sociedad democrática y el respeto de la dignidad humana.

Derechos Civiles (Derechos Humanos) (Nacionalidad): Los derechos civiles son un conjunto de derechos fundamentales que protegen las libertades individuales y garantizan la igualdad ante la ley. Incluyen derechos como la libertad de expresión, la libertad de religión, el derecho a un juicio justo, el derecho a la privacidad, el derecho a la propiedad y el derecho a la igualdad ante la ley. Los derechos civiles son esenciales para la protección de la dignidad humana y el funcionamiento de sociedades democráticas.

Derechos Colectivos (Pueblos Indígenas): Los derechos colectivos son aquellos derechos que pertenecen a un grupo en su conjunto, en lugar de a individuos específicos. Para los pueblos indígenas, los derechos colectivos pueden incluir el derecho a la autodeterminación, la posesión de tierras y recursos naturales, la preservación de la cultura y la participación en la toma de decisiones que afectan a la comunidad en su conjunto. Estos derechos reconocen la importancia de la identidad colectiva, la autonomía y la preservación de las formas de vida tradicionales de los pueblos indígenas.

Derechos de Autor (Marcas y Patentes) (Propiedad Intelectual): Los derechos de autor son un tipo de propiedad intelectual que protege las obras literarias y artísticas originales, como libros, música, películas, obras de arte, software y otros tipos de creaciones. Estos derechos otorgan al autor o titular la exclusividad para reproducir, distribuir, exhibir, interpretar y adaptar la obra durante un período de tiempo determinado, generalmente la vida del autor más un número adicional de años después de su fallecimiento. Los derechos de autor se adquieren automáticamente al crear una obra original y no requieren registro formal, aunque el registro puede proporcionar ciertas ventajas legales adicionales.

Derechos del Niño (Derecho de la Niñez): Los derechos del niño son los derechos específicos que tienen todos los niños, independientemente de su origen étnico, religión, género, nacionalidad o cualquier otra condición. Estos derechos están consagrados en la Convención sobre los Derechos del Niño de las Naciones Unidas y abarcan áreas como el derecho a la vida, la salud, la educación, la protección contra la violencia y la discriminación, y el derecho a tener una familia y ser tratado con dignidad y respeto.

Derechos Digitales (Derecho Informático): Los derechos digitales son aquellos derechos humanos que se aplican específicamente al entorno digital y la tecnología de la información. Incluyen aspectos como la libertad de expresión en línea, la privacidad en Internet, el acceso a la información y la neutralidad de la red. En el ámbito del derecho informático, los derechos digitales abordan cuestiones relacionadas con la protección de la libertad de los usuarios en

Internet, la regulación de la vigilancia en línea, la protección de datos personales y la garantía de la igualdad de acceso a la información y a los servicios en línea.

Derechos Humanos (Derechos Humanos) (Internacional): Los derechos humanos son derechos inherentes a todos los seres humanos, independientemente de su nacionalidad, lugar de residencia, género, origen étnico, religión u otra condición. Estos derechos son universales, inalienables, indivisibles e interdependientes, y están protegidos por el derecho internacional de los derechos humanos. Incluyen derechos civiles, políticos, económicos, sociales y culturales, y abarcan principios como la igualdad, la libertad, la justicia y la dignidad humana.

Desalojo (Derecho Vivienda): El desalojo es el acto legal por el cual una persona es obligada a abandonar una propiedad, ya sea una casa, un apartamento u otro tipo de vivienda, generalmente debido a la falta de pago del alquiler, el incumplimiento de los términos del contrato de arrendamiento o la finalización del contrato de arrendamiento. En el contexto del derecho a la vivienda, los desalojos pueden plantear serias preocupaciones sociales y humanitarias, especialmente si no se proporcionan alternativas adecuadas de vivienda para las personas desalojadas.

Desarrollo (Derecho Urbanístico): El desarrollo urbano se refiere al proceso de crecimiento, transformación y mejora de los espacios urbanos a lo largo del tiempo. En el ámbito del derecho urbanístico, el desarrollo urbano está regulado por normativas y políticas que establecen los criterios, objetivos y acciones para gestionar el crecimiento urbano de manera sostenible y equilibrada. Estas normativas pueden abarcar aspectos como la planificación territorial, la ordenación del territorio, la gestión de recursos, la movilidad urbana, la calidad ambiental, entre otros. El desarrollo urbano busca promover un uso eficiente del suelo, la mejora de la calidad de vida de los ciudadanos y la protección del entorno urbano.

Desempleo (Derecho de Trabajo): El desempleo se refiere a la condición de estar sin trabajo y buscando activamente empleo. En el derecho laboral, las leyes y políticas relacionadas con el desempleo suelen incluir medidas para proporcionar beneficios de desempleo a los trabajadores que han perdido su trabajo involuntariamente, así como programas de capacitación y reintegración laboral para ayudar a los desempleados a encontrar nuevas oportunidades laborales. El seguro de desempleo es un sistema comúnmente utilizado para proporcionar asistencia financiera temporal a los trabajadores desempleados.

Despido (Derecho Laboral): El despido es la extinción unilateral del contrato de trabajo por parte del empleador, lo cual puede ocurrir por diversas razones, como causas disciplinarias, económicas, técnicas o de producción. La legislación laboral establece las condiciones y procedimientos que deben seguirse para llevar a cabo un despido válido y legítimo, así como los derechos que corresponden al trabajador en caso de despido injustificado o improcedente. Los despidos deben estar debidamente fundamentados y no pueden vulnerar los derechos laborales reconocidos por la ley, como la estabilidad en el empleo, el derecho a la indemnización por despido y la protección contra el despido arbitrario o discriminatorio.

Desplazamiento (Derechos Refugiados): El desplazamiento forzado es una situación en la que las personas se ven obligadas a abandonar sus hogares debido a conflictos armados, violencia generalizada, violaciones de los derechos humanos u otras situaciones de emergencia. Los desplazados internos son personas que han sido desplazadas dentro de las fronteras de su propio país, mientras que los refugiados son personas que han cruzado las fronteras internacionales en busca de protección. Tanto los desplazados internos como los refugiados tienen derechos y

necesidades específicas que deben ser protegidos y atendidos por los gobiernos y la comunidad internacional.

Deuda (Derecho Bancario): En el ámbito del derecho bancario, la deuda se refiere a la obligación que contrae una persona o entidad (deudor) de devolver una cantidad de dinero o recursos a otra persona o entidad (acreedor) en un plazo determinado y bajo condiciones específicas acordadas entre las partes. La deuda puede surgir de diversos tipos de transacciones financieras, como préstamos, créditos, emisión de bonos u otras formas de financiamiento. La regulación de la deuda bancaria abarca aspectos relacionados con los requisitos para su contratación, los términos y condiciones del contrato de deuda, los derechos y obligaciones de las partes involucradas, y los mecanismos de cobranza en caso de incumplimiento.

Devoluciones (Derecho. Consumidor): Las devoluciones se refieren al proceso mediante el cual un consumidor devuelve un producto adquirido al proveedor y recibe un reembolso o un producto de reemplazo. En muchos países, los consumidores tienen el derecho legal a devolver productos dentro de un cierto período de tiempo después de la compra, especialmente si el producto es defectuoso o no cumple con las expectativas del consumidor. El derecho del consumidor establece las condiciones y procedimientos para las devoluciones, incluidos los plazos de devolución, las políticas de reembolso y las obligaciones del proveedor en caso de productos defectuosos.

Dignidad (Derechos Humanos): La dignidad humana es el principio fundamental en los derechos humanos que reconoce el valor intrínseco e inalienable de cada persona. Se basa en la idea de que todas las personas merecen respeto y trato humano, independientemente de su origen, estatus social, raza, género o cualquier otra característica. La dignidad humana implica el reconocimiento de la autonomía, la libertad y la igualdad de todas las personas, así como la protección de su integridad física y psicológica.

Dilemas Éticos (Derecho. Bioética): Los dilemas éticos son situaciones en las que surgen conflictos entre principios éticos o valores morales que hacen que sea difícil tomar una decisión clara o determinar la acción éticamente correcta. En el contexto de la bioética, los dilemas éticos pueden surgir en una variedad de situaciones, como la toma de decisiones médicas difíciles, la investigación con seres humanos, la manipulación genética y la atención al final de la vida. La resolución de dilemas éticos en la bioética a menudo requiere un análisis cuidadoso de los principios éticos involucrados, así como la consideración de las implicaciones sociales, culturales y legales.

Diplomacia (Internacional): La diplomacia es el proceso de negociación, representación y comunicación entre estados y otras entidades internacionales con el fin de resolver disputas, promover intereses comunes y mantener relaciones pacíficas. La diplomacia puede adoptar diversas formas, como la negociación de tratados, la celebración de cumbres y conferencias internacionales, la representación en organizaciones internacionales y la mediación de conflictos. Los diplomáticos actúan como representantes oficiales de sus estados y desempeñan un papel crucial en la promoción del diálogo y la cooperación entre las naciones para abordar los desafíos globales y promover la paz y la seguridad internacionales.

Discriminación (Derecho a la Educación): La discriminación en el ámbito educativo se refiere a cualquier trato injusto o desigual hacia individuos o grupos de personas en el acceso, la participación o los resultados educativos, basado en características como el género, la etnia, la religión, la discapacidad u otras características personales. El derecho a la educación prohíbe la

discriminación en todas sus formas y establece la igualdad de acceso y oportunidades para todos los individuos.

Divorcio (Derecho Civil) (Derecho de Familia): El divorcio es un proceso legal que pone fin al vínculo matrimonial entre dos personas y disuelve su matrimonio de manera oficial. Implica la terminación de los derechos y obligaciones matrimoniales, la división de bienes y activos compartidos, y la resolución de asuntos relacionados con la custodia de los hijos, la pensión alimenticia y otros aspectos financieros. El proceso de divorcio puede variar significativamente según la jurisdicción y puede estar sujeto a diferentes requisitos legales y procedimientos, como la mediación, la resolución extrajudicial de disputas y el litigio en los tribunales. En algunos casos, el divorcio puede ser contencioso, con disputas sobre cuestiones financieras o de custodia, mientras que en otros casos puede ser amistoso y resuelto de manera cooperativa por ambas partes.

Doble Nacionalidad (Nacionalidad): La doble nacionalidad se refiere a la situación en la que una persona es reconocida como ciudadano de dos países diferentes al mismo tiempo. Esto puede ocurrir por varias razones, como el nacimiento en un país que reconoce la ciudadanía por lugar de nacimiento (ius soli) y tener padres de nacionalidad diferente, o por obtener la ciudadanía de otro país a través de la naturalización mientras se retiene la nacionalidad original. La doble nacionalidad puede implicar derechos y responsabilidades en ambos países de ciudadanía.

Documento (Derecho Notarial): En el contexto del derecho notarial, un documento se refiere a cualquier escrito, instrumento o registro que contiene información relevante y tiene efectos jurídicos. Estos documentos pueden incluir escrituras públicas, contratos, testamentos, actas, poderes notariales, entre otros. Los documentos notariales, en particular, son aquellos que han sido autorizados y certificados por un notario público, lo que les confiere una presunción de autenticidad y validez legal. La función del documento es registrar y formalizar los acuerdos, transacciones y compromisos entre las partes involucradas.

Donación (Derecho. Bioética): La donación en el contexto de la bioética se refiere al acto voluntario de proporcionar tejidos, órganos, sangre u otros recursos biológicos con el fin de ayudar a otros o contribuir al avance de la ciencia médica. La donación de órganos, tejidos y sangre salva vidas y mejora la calidad de vida de los receptores, pero plantea cuestiones éticas relacionadas con el consentimiento informado, la equidad en el acceso a los recursos y la distribución justa de los órganos y tejidos disponibles.

Ecología (Derecho Ambiental): La ecología es una disciplina científica que estudia las interacciones entre los organismos y su entorno, incluidos los factores abióticos y bióticos. En el contexto del derecho ambiental, la ecología proporciona fundamentos científicos para comprender los ecosistemas y los impactos de las actividades humanas en ellos. El derecho ambiental utiliza los conocimientos ecologistas para desarrollar políticas, normativas y medidas de gestión que promuevan la conservación, restauración y uso sostenible de los recursos naturales y la biodiversidad.

Ecosistema (Derecho Ambiental): Un ecosistema en el derecho ambiental se refiere a un sistema dinámico formado por una comunidad de organismos vivos (flora, fauna y microorganismos) que interactúan entre sí y con su entorno físico (suelo, agua, aire) en un área determinada. El derecho ambiental reconoce la importancia de los ecosistemas para el equilibrio ecológico y la biodiversidad, y establece normativas y políticas para su protección y conservación. Esto incluye la adopción de medidas para prevenir la degradación de los ecosistemas, restaurar los ecosistemas degradados y promover la gestión sostenible de los recursos naturales.

Edificación (Derecho Urbanístico): La edificación se refiere al proceso de construcción, modificación o rehabilitación de inmuebles en el ámbito urbano. En el marco del derecho urbanístico, la edificación está sujeta a normativas y regulaciones que establecen los requisitos, condiciones y procedimientos para llevar a cabo estas actividades. Estas normativas pueden abarcar aspectos como la seguridad estructural, la accesibilidad, la estética urbana, la protección del patrimonio histórico, entre otros. La obtención de licencias de edificación es un requisito fundamental para iniciar cualquier obra de construcción, y su otorgamiento está sujeto al cumplimiento de las disposiciones legales y urbanísticas vigentes.

Educación (Derecho a la Educación): El derecho a la educación es un derecho humano fundamental que garantiza el acceso equitativo a una educación de calidad para todas las personas, sin discriminación. Incluye el derecho a la educación primaria gratuita y obligatoria, así como el acceso a niveles más altos de educación, como la secundaria, la educación superior y la formación profesional. Este derecho abarca tanto la educación formal como la no formal, y se considera esencial para el desarrollo personal, social y económico de los individuos y las sociedades.

Elección (Derecho Electoral): Una elección es un proceso mediante el cual los votantes eligen a representantes políticos, como funcionarios gubernamentales, legisladores o líderes ejecutivos, mediante el voto directo o indirecto. En el derecho electoral, se establecen normas y procedimientos para la celebración de elecciones, que pueden incluir la fijación de fechas de votación, la definición de distritos electorales, la regulación de campañas políticas, la administración de votaciones y el conteo de votos. Las elecciones pueden ser locales, regionales, nacionales o internacionales, y son fundamentales para el funcionamiento de los sistemas democráticos al permitir la participación ciudadana en la selección de representantes y la toma de decisiones políticas.

Electricidad (Derecho de la Energía): En el ámbito del derecho de la energía, la electricidad se refiere a la forma de energía que se genera a partir de diversas fuentes, como la energía hidroeléctrica, nuclear, térmica, solar o eólica, y se utiliza para alimentar sistemas de iluminación, calefacción, refrigeración, electrodomésticos, maquinaria industrial, entre otros. La regulación de la electricidad abarca aspectos relacionados con la generación, transmisión, distribución, comercialización y consumo de esta fuente de energía, incluyendo la fijación de tarifas, la seguridad del suministro, la eficiencia energética y la integración de energías renovables en la red eléctrica.

Empleado (Derecho Laboral): Un empleado es una persona que presta servicios a cambio de una remuneración bajo la dirección y control de un empleador. La relación laboral entre el empleado y el empleador se rige por las disposiciones legales y contractuales aplicables, las cuales establecen los derechos y deberes de ambas partes. Los empleados pueden ser contratados bajo diferentes modalidades, como contratos indefinidos, contratos a plazo fijo, contratos por obra o servicio determinado, entre otros. Es importante que los empleados conozcan y ejerzan sus derechos laborales, incluyendo el derecho a condiciones de trabajo dignas, seguridad social, descanso remunerado y protección contra la discriminación y el acoso laboral.

Empleador (Derecho de Trabajo): El empleador es la persona, empresa u organización que contrata a trabajadores para realizar tareas específicas a cambio de una compensación. En el derecho laboral, el empleador tiene una serie de responsabilidades y obligaciones hacia los empleados, que incluyen proporcionar un entorno de trabajo seguro, cumplir con las leyes

laborales y de empleo, pagar salarios y beneficios conforme a lo establecido por la ley o el contrato de trabajo, y respetar los derechos de los trabajadores.

Empresa (Derecho Mercantil): Una empresa en el contexto del derecho mercantil se refiere a una entidad legalmente reconocida que se dedica a actividades comerciales con el fin de generar ingresos y obtener beneficios. Las empresas pueden adoptar diversas formas legales, como sociedades, sociedades de responsabilidad limitada, corporaciones y empresarios individuales, cada una con sus propias características y requisitos legales. El derecho mercantil regula aspectos relacionados con la creación, operación y disolución de empresas, incluida la organización interna, la responsabilidad de los accionistas o socios, el cumplimiento de normativas fiscales y laborales, y la protección de los derechos de propiedad intelectual. Las empresas son actores clave en la economía y el derecho mercantil proporciona el marco legal necesario para su funcionamiento y desarrollo.

Energía Renovable (Derecho de la Energía): En el contexto del derecho de la energía, la energía renovable se refiere a fuentes de energía que se regeneran naturalmente y son prácticamente inagotables a escala humana. Esto incluye energía solar, eólica, hidroeléctrica, geotérmica y biomasa. El derecho de la energía regula aspectos relacionados con la producción, distribución, uso y financiamiento de estas fuentes de energía renovable, así como la implementación de políticas para promover su desarrollo y uso sostenible.

Enfermedad (Seguridad Social): En el contexto de la seguridad social, la enfermedad se refiere a condiciones médicas que afectan la salud física o mental de un individuo y que pueden resultar en incapacidades temporales o permanentes para trabajar. Los sistemas de seguridad social suelen proporcionar beneficios y servicios para cubrir los costos asociados con la atención médica, el tratamiento y la rehabilitación de las enfermedades, así como compensación por la pérdida de ingresos debido a la incapacidad para trabajar.

Envejecimiento (Derecho Tercera Edad): El envejecimiento se refiere al proceso biológico y psicológico natural por el cual una persona experimenta cambios físicos y mentales a medida que avanza en edad. En el contexto del derecho de la tercera edad, el envejecimiento es importante porque puede afectar la capacidad de una persona para cuidarse a sí misma, manejar sus asuntos financieros y tomar decisiones importantes sobre su vida. La legislación relacionada con el envejecimiento aborda cuestiones como el cuidado de la salud, el bienestar social, la vivienda, la protección legal y los derechos de las personas mayores.

Epidemiología (Salud Pública): La epidemiología es la rama de la salud pública que estudia la distribución y determinantes de enfermedades y otros eventos de salud en las poblaciones humanas. Los epidemiólogos investigan la frecuencia, los patrones y los factores de riesgo asociados con enfermedades y lesiones para comprender mejor cómo se propagan y cómo prevenirlas. Utilizan métodos como el análisis de datos, la vigilancia de enfermedades, los estudios de cohortes y los ensayos clínicos para identificar tendencias y factores que afectan la salud de la población y guiar las políticas de salud pública y las intervenciones.

Escritura (Derecho Notarial): En el ámbito del derecho notarial, una escritura es un documento público autorizado por un notario que certifica y da fe de ciertos actos, acuerdos o contratos celebrados entre partes. Las escrituras notariales tienen carácter oficial y gozan de una presunción de veracidad y autenticidad, lo que les otorga una gran fuerza probatoria ante terceros y ante los tribunales de justicia. Entre los tipos de escrituras más comunes se encuentran las escrituras de compraventa de bienes inmuebles, las escrituras de constitución de sociedades, las escrituras de hipoteca, las escrituras de testamento, entre otras.

Escritura (Propiedad): La escritura es un documento legal que certifica la transferencia de propiedad de un bien inmueble de una parte a otra. Contiene los detalles de la transacción, incluyendo la identificación de las partes involucradas, la descripción del inmueble, el precio de venta y cualquier otra condición o estipulación relevante. La escritura es un instrumento importante para establecer y proteger los derechos de propiedad sobre un inmueble.

Escrutinio (Derecho Electoral): El escrutinio electoral es el proceso de conteo y verificación de votos emitidos en una elección para determinar los resultados finales. El escrutinio puede realizarse manualmente o mediante sistemas electrónicos de votación, y puede implicar múltiples etapas, incluida la validación de papeletas, la tabulación de votos, la resolución de disputas electorales y la publicación de resultados oficiales. El escrutinio electoral es fundamental para garantizar la integridad y la transparencia del proceso electoral, así como para garantizar la legitimidad de los resultados y la confianza pública en el sistema democrático.

Especies en Peligro (Derecho de los Animales): Las especies en peligro se refieren a aquellas poblaciones de animales cuyas poblaciones han disminuido significativamente en su hábitat natural y que enfrentan un riesgo elevado de extinción en un futuro próximo. El derecho de los animales aborda la protección de las especies en peligro a través de la promulgación y aplicación de leyes de conservación, la creación de áreas protegidas, la regulación del comercio de especies amenazadas y la promoción de programas de reproducción y reintroducción en la naturaleza. La conservación de la biodiversidad y el hábitat natural son aspectos fundamentales del derecho de los animales.

Estatuto (Derechos Refugiados): El estatuto de refugiado se refiere al reconocimiento oficial por parte de un país de que una persona cumple con los criterios establecidos en el derecho internacional para ser considerada como refugiada. Para obtener el estatuto de refugiado, una persona debe demostrar que tiene un temor creíble de persecución en su país de origen debido a su raza, religión, nacionalidad, pertenencia a un determinado grupo social u opiniones políticas. Una vez reconocido como refugiado, una persona tiene derecho a una serie de protecciones y beneficios, incluido el acceso a la asistencia humanitaria, la residencia legal y la posibilidad de solicitar la reunificación familiar.

Estatuto (Penal Internacional): El estatuto, en el contexto del derecho penal internacional, se refiere al conjunto de normas y principios que establecen la base legal y la estructura organizativa de un tribunal internacional encargado de juzgar crímenes internacionales. El estatuto de un tribunal internacional define su jurisdicción, su composición, sus competencias, sus procedimientos y las penas aplicables a los crímenes enjuiciados. Por lo general, el estatuto de un tribunal internacional se establece mediante un tratado o convenio internacional, que es ratificado por los Estados miembros y que proporciona la autoridad legal necesaria para el funcionamiento del tribunal. Un ejemplo destacado de un estatuto en el derecho penal internacional es el Estatuto de Roma, que establece la base legal de la Corte Penal Internacional (CPI) y define los crímenes de su competencia, así como los procedimientos para su enjuiciamiento y castigo.

Ética Médica (Derecho de la Salud): La ética médica se refiere a los principios y normas morales que guían la conducta profesional de los médicos y otros profesionales de la salud en su práctica clínica y relaciones con los pacientes. Los principios éticos fundamentales en la medicina incluyen el respeto a la autonomía del paciente, la beneficencia (hacer el bien), la no maleficencia (no hacer daño) y la justicia. La ética médica aborda cuestiones éticas complejas

relacionadas con el consentimiento informado, el cuidado de pacientes vulnerables, el final de la vida, la distribución de recursos limitados y la relación médico-paciente, entre otros aspectos.

Evasión (Derecho Tributario): La evasión fiscal es el acto ilegal de evitar o eludir el pago de impuestos mediante la manipulación fraudulenta de la información financiera, la ocultación de ingresos, la infradeclaración de activos o la realización de transacciones ficticias con el fin de reducir la carga tributaria. La evasión fiscal es considerada un delito grave en la mayoría de las jurisdicciones y puede estar sujeta a sanciones penales, incluidas multas significativas y posibles penas de prisión. Las autoridades fiscales utilizan diversas estrategias y herramientas para detectar y perseguir la evasión fiscal, incluidas las auditorías, investigaciones y acciones legales contra los infractores.

Exención (Derecho Tributario): Una exención fiscal es una disposición legal que permite a un contribuyente reducir o eliminar su obligación de pagar ciertos impuestos, ya sea en su totalidad o en parte. Las exenciones fiscales pueden aplicarse a individuos, empresas, organizaciones sin fines de lucro u otros entes, y suelen basarse en ciertas circunstancias específicas, como ingresos bajos, discapacidad, dependientes u actividades de beneficencia. Las exenciones fiscales pueden ser otorgadas por el gobierno federal, estatal o local y pueden variar según la jurisdicción y el tipo de impuesto.

Experimentación (Derecho. Bioética): La experimentación médica se refiere al proceso de realizar investigaciones o ensayos clínicos en humanos para evaluar la seguridad y eficacia de nuevos tratamientos, medicamentos o procedimientos médicos. La experimentación médica ética se rige por principios y normas éticas diseñadas para proteger los derechos y el bienestar de los participantes, incluido el consentimiento informado, la evaluación de riesgos y beneficios, la confidencialidad de la información del paciente y el respeto a la dignidad y autonomía de los individuos.

Exportación (Comercio Internacional) (Derecho Aduanero): La exportación es el proceso de enviar bienes o servicios producidos en un país a otro país con el propósito de su venta o distribución. La exportación juega un papel crucial en la economía global, permitiendo a los países aprovechar sus ventajas comparativas y especializarse en la producción de bienes y servicios en los que tienen una ventaja competitiva. Los productos exportados pueden incluir productos manufacturados, materias primas, productos agrícolas, bienes de consumo y servicios. Las políticas de exportación, los acuerdos comerciales y las regulaciones aduaneras son aspectos importantes del comercio internacional que afectan el proceso de exportación.

Exportación (Derecho Aduanero): La exportación se refiere al envío de bienes o mercancías desde un país de origen a otros países con el propósito de su venta, distribución o uso. En el contexto del derecho aduanero, la exportación está sujeta a una serie de normas y regulaciones que rigen el proceso de salida de mercancías del territorio aduanero de un país. Estas regulaciones pueden incluir requisitos de documentación, procedimientos de despacho aduanero, controles de exportación de ciertos productos, restricciones comerciales y sanciones por incumplimiento. Las autoridades aduaneras supervisan y controlan el proceso de exportación para garantizar el cumplimiento de las leyes y regulaciones pertinentes.

Extranjería (Extranjería): La extranjería es una rama del derecho que se ocupa de regular la situación legal de los extranjeros en un país determinado. Esto incluye aspectos relacionados con la entrada, residencia, trabajo, estudios, y otros derechos y obligaciones de los ciudadanos extranjeros en el país de acogida. Las leyes de extranjería varían de un país a otro y establecen

los requisitos y procedimientos para obtener visas, permisos de residencia, así como las condiciones para la deportación y el refugio de los extranjeros.

Federal (Constitucional): El sistema federal es una forma de gobierno en la que el poder está dividido entre un gobierno central y unidades subnacionales, como estados o provincias, cada uno de los cuales tiene su propia autoridad legislativa, ejecutiva y judicial. En el contexto constitucional, un sistema federal se rige por una constitución que establece la distribución de competencias entre el gobierno federal y los gobiernos estatales o provinciales, así como los mecanismos para resolver conflictos entre ellos. El federalismo permite la coexistencia de diferentes sistemas legales y políticos dentro de un mismo país y proporciona un marco para la autonomía y la diversidad regional.

Finanzas (Derecho Bancario): En el contexto del derecho bancario, las finanzas se refieren al conjunto de actividades relacionadas con la gestión, el control y la administración de los recursos financieros de una entidad bancaria o de un individuo. Esto incluye la planificación financiera, el análisis de inversiones, la evaluación de riesgos, la gestión de liquidez, el control presupuestario, entre otras funciones financieras. La regulación de las finanzas bancarias abarca aspectos relacionados con la transparencia en la información financiera, la protección de los activos de los clientes, la gestión prudente de los riesgos financieros y el cumplimiento de las normativas contables y fiscales vigentes.

Firma (Derecho Notarial): La firma notarial es el acto mediante el cual una persona estampa su nombre o rúbrica en un documento o acta en presencia de un notario público. La firma notarial es un requisito legal en muchos países para la validez y la autenticidad de ciertos actos o contratos, ya que confirma la voluntad y la identidad de la persona que firma el documento. El notario, al presenciar la firma, certifica su autenticidad y la identidad de la persona que la realiza, lo que otorga fe pública al acto y confirma su legalidad y validez.

Firmante (Derecho Notarial): Un firmante en el ámbito del derecho notarial es una persona que suscribe o firma un documento legalmente relevante ante un notario público. La firma del firmante en el documento confirma su consentimiento y voluntad en relación con el contenido y los términos del mismo. El notario, como funcionario autorizado, certifica la autenticidad de la firma y la identidad del firmante, lo que confiere validez y legalidad al documento.

Fiscal (Derecho Tributario): El término fiscal se refiere a todo lo relacionado con los impuestos y la recaudación de ingresos por parte del gobierno para financiar el gasto público y los servicios gubernamentales. El derecho fiscal abarca el conjunto de leyes, regulaciones y normativas que rigen la imposición, administración y aplicación de los impuestos, así como los derechos y obligaciones de los contribuyentes y las autoridades fiscales. Los profesionales del derecho fiscal, conocidos como abogados fiscales o asesores fiscales, asisten a individuos y empresas en asuntos relacionados con la planificación fiscal, la presentación de declaraciones de impuestos, la resolución de disputas fiscales y el cumplimiento de las leyes tributarias.

Fraude (Derecho. Consumidor): El fraude en el contexto del derecho del consumidor se refiere a prácticas comerciales engañosas o fraudulentas llevadas a cabo por proveedores con el fin de obtener beneficios a expensas de los consumidores. Esto puede incluir la publicidad engañosa, la manipulación de precios, la venta de productos falsificados o defectuosos, el uso de tácticas de ventas agresivas o cualquier otra acción destinada a engañar o defraudar a los consumidores. El derecho del consumidor proporciona medidas legales para combatir el fraude y proteger los intereses de los consumidores afectados.

Funcionario (Derecho Administrativo): Un funcionario, en el contexto del derecho administrativo, es una persona que ocupa un cargo o empleo público dentro de la administración del Estado o de alguna entidad pública. Estos individuos tienen la responsabilidad de ejercer funciones y tomar decisiones en nombre del Estado, cumpliendo con las leyes, regulaciones y políticas establecidas. Los funcionarios pueden pertenecer a diferentes niveles de la administración, como el gobierno central, los gobiernos regionales o locales, y desempeñar una amplia variedad de roles en áreas como la seguridad pública, la educación, la salud, la justicia, entre otros.

Fusión (Banca de Inversión): En el contexto de la banca de inversión, una "fusión" se refiere al proceso mediante el cual dos o más empresas financieras o entidades se combinan para formar una sola entidad más grande. Esta unión puede ocurrir por diversas razones, como buscar sinergias operativas, expandir la presencia en el mercado, diversificar las líneas de negocio o mejorar la eficiencia y rentabilidad. Las fusiones en la banca de inversión son transacciones complejas que pueden implicar aspectos financieros, regulatorios y estratégicos, y suelen estar sujetas a la aprobación de las autoridades regulatorias pertinentes.

Fusión (Derecho de la Competencia): Una fusión es el proceso mediante el cual dos o más empresas se combinan para formar una nueva entidad empresarial o se integran bajo una sola compañía existente. En el contexto del derecho de la competencia, las fusiones pueden plantear preocupaciones si reducen la competencia en el mercado al eliminar a un competidor significativo o crear una entidad demasiado grande que pueda ejercer un control excesivo sobre los precios y las condiciones del mercado. Por lo tanto, las fusiones suelen estar sujetas a revisión y aprobación por parte de las autoridades de competencia para garantizar que no generen efectos anticompetitivos.

Garantía (Derecho de Consumo): La garantía es un compromiso ofrecido por el vendedor o fabricante de un producto en el que se asegura que el producto cumplirá con ciertas especificaciones o funcionará de acuerdo con lo prometido durante un período de tiempo determinado. En el derecho de consumo, las garantías pueden ser explícitas (ofrecidas por escrito o verbalmente) o implícitas (inherentes a la ley), y pueden cubrir defectos de fabricación, problemas de rendimiento o durabilidad del producto. Las leyes de protección al consumidor suelen regular las garantías para garantizar que los consumidores reciban el nivel adecuado de protección y compensación en caso de incumplimiento.

Garantía (Derecho de Consumo): La garantía es un compromiso por parte del fabricante o vendedor de un producto de reparar, reemplazar o reembolsar el valor de un artículo en caso de que presente defectos o no cumpla con las características prometidas durante un período específico de tiempo. En el ámbito del derecho de consumo, las garantías constituyen un mecanismo de protección adicional para los consumidores, ya que les aseguran que los productos adquiridos cumplirán con los estándares de calidad y funcionamiento establecidos. Las garantías pueden ser legales, cuando están establecidas por la ley, o comerciales, cuando son ofrecidas voluntariamente por el fabricante o vendedor como una estrategia de marketing para mejorar la confianza del consumidor.

Genocidio (Derechos Humanos) (Derecho Penal Internacional): El genocidio se refiere a la perpetración deliberada y sistemática de actos destinados a destruir, total o parcialmente, a un grupo étnico, racial, religioso o nacional como tal. Estos actos pueden incluir asesinatos masivos, torturas, violaciones, desplazamiento forzado, esterilización forzada y otras formas de violencia física o mental grave. El genocidio es considerado uno de los crímenes más graves bajo el

derecho internacional y está prohibido por la Convención para la Prevención y la Sanción del Delito de Genocidio de las Naciones Unidas. A pesar de esta prohibición, el genocidio ha ocurrido repetidamente a lo largo de la historia y sigue siendo una preocupación en el mundo contemporáneo.

Gobierno (Constitucional): En el contexto constitucional, el gobierno se refiere a la estructura, funciones y procesos mediante los cuales se ejerce el poder político en un país o entidad política. La constitución establece la organización y los poderes del gobierno, incluidos los poderes legislativo, ejecutivo y judicial, así como las relaciones entre ellos y los límites a su autoridad. Puede establecer un sistema de gobierno democrático, autocrático, parlamentario, presidencial o federal, dependiendo de las disposiciones constitucionales específicas. El gobierno está sujeto a la ley y a los principios constitucionales, y su legitimidad y autoridad derivan del consentimiento de los ciudadanos y el respeto a los derechos y libertades individuales establecidos en la constitución.

Habitabilidad (Derecho Vivienda): La habitabilidad se refiere a las condiciones básicas que hacen que una vivienda sea adecuada para la vida humana. Esto incluye aspectos como la seguridad estructural, la higiene, la salubridad, la disponibilidad de servicios básicos y la capacidad para satisfacer las necesidades básicas de sus ocupantes. En el contexto del derecho a la vivienda, la habitabilidad es un aspecto fundamental que debe garantizarse para proteger la salud, la seguridad y el bienestar de todas las personas. Los estándares de habitabilidad pueden variar según el país y la legislación local, pero generalmente se refieren a normas mínimas de calidad de vida que deben cumplir todas las viviendas.

Heredero (Derecho Sucesorio): Un heredero es una persona que tiene derecho a recibir una parte de la herencia de una persona fallecida según las disposiciones de su testamento o las leyes de sucesión intestada. Los herederos pueden ser designados directamente en el testamento del difunto o pueden ser determinados por las leyes de sucesión del país en el que ocurrió el fallecimiento. Los herederos pueden incluir cónyuges, hijos, padres u otros parientes, así como cualquier otra persona designada como beneficiaria en el testamento del fallecido.

Herencia (Derecho Civil): La herencia se refiere a la transferencia de los bienes, derechos y obligaciones de una persona fallecida (llamada "causante" o "de cujus") a sus herederos legales o beneficiarios designados en un testamento. El proceso de herencia implica la distribución de los activos y pasivos del fallecido de acuerdo con las disposiciones legales y testamentarias aplicables. La ley puede establecer reglas específicas sobre quiénes son los herederos legales, cómo se debe distribuir la herencia entre ellos y qué derechos tienen los beneficiarios. El manejo de una herencia puede implicar trámites administrativos, como la presentación de un inventario de bienes y el pago de impuestos sobre la herencia, así como procesos judiciales, como la adjudicación de herencias disputadas o la impugnación de un testamento.

Herencia (Derecho de Familia) (Derecho Sucesorio): La herencia en el derecho de familia se refiere a la transmisión de bienes, derechos y obligaciones de una persona fallecida (llamada causante) a sus herederos legales mediante un proceso de sucesión. La herencia puede ser regulada por ley o por disposiciones testamentarias y puede incluir propiedades, activos financieros, negocios, obras de arte y otros activos. El proceso de herencia implica la identificación de los herederos legales, la valoración de los bienes del causante, el pago de deudas y cargas fiscales, y la distribución equitativa de los bienes según las disposiciones legales o testamentarias.

Hidrocarburos (Derecho de la Energía): En el contexto del derecho de la energía, los hidrocarburos son compuestos orgánicos formados por átomos de carbono e hidrógeno, como el petróleo, el gas natural y el carbón. Estos recursos son fundamentales para la producción de energía en forma de combustibles fósiles, utilizados en la generación de electricidad, transporte, calefacción y procesos industriales. La regulación de los hidrocarburos abarca aspectos relacionados con su exploración, extracción, producción, transporte, refinación, distribución, comercialización, impuestos y protección ambiental.

Hipoteca (Propiedad): Una hipoteca es un préstamo otorgado por una entidad financiera, como un banco, para la compra de un inmueble. El inmueble adquirido se convierte en garantía del préstamo, lo que significa que si el prestatario no cumple con los pagos del préstamo, el prestamista tiene el derecho de ejecutar la hipoteca y tomar posesión del inmueble para recuperar el dinero prestado. La hipoteca establece las condiciones del préstamo, incluyendo el monto, la tasa de interés, el plazo de amortización y las responsabilidades y derechos de las partes involucradas.

Honorarios (Asistencia Legal): Los honorarios en el ámbito de la asistencia legal se refieren al costo que un cliente paga a un abogado o firma legal por sus servicios legales. Estos honorarios pueden variar según el tipo de caso, la complejidad del trabajo legal y la experiencia del abogado. Algunos abogados cobran honorarios por hora, mientras que otros pueden utilizar una estructura de tarifa plana o contingente, donde el cliente paga una cantidad fija o un porcentaje del monto recuperado en el caso.

Horario (Derecho de Trabajo): El horario laboral se refiere al período de tiempo durante el cual los trabajadores están programados para realizar sus tareas laborales. En el derecho laboral, las leyes y regulaciones suelen establecer normas mínimas para la duración de la jornada laboral, los descansos obligatorios y los límites de horas extras permitidas. Estas disposiciones están diseñadas para proteger la salud y seguridad de los trabajadores, así como para regular las relaciones laborales entre empleadores y empleados.

Huelga (Derecho de Trabajo): Una huelga es una acción colectiva realizada por los trabajadores para protestar por condiciones laborales injustas o para ejercer presión sobre los empleadores para que cumplan con sus demandas. En el derecho laboral, la huelga es un derecho protegido que permite a los trabajadores dejar de trabajar como forma legítima de negociación colectiva. Las huelgas pueden ser convocadas por sindicatos o por trabajadores de forma independiente y pueden implicar la suspensión temporal de la producción, la prestación de servicios o la realización de tareas laborales hasta que se resuelvan las disputas laborales.

Igualdad (Derecho a la Educación): La igualdad en el contexto del derecho a la educación implica garantizar que todas las personas tengan las mismas oportunidades de acceso, participación y éxito en el sistema educativo, independientemente de su origen socioeconómico, género, etnia, religión, discapacidad u otras características personales. Esto implica eliminar las barreras que puedan existir y promover políticas y prácticas educativas inclusivas que fomenten la igualdad de oportunidades para todos los estudiantes.

Igualdad (Derechos Humanos): La igualdad es un principio clave en los derechos humanos que establece que todas las personas deben ser tratadas con equidad y sin discriminación. Implica la eliminación de cualquier forma de discriminación basada en características como el sexo, la raza, la religión, la nacionalidad, la discapacidad o cualquier otra condición. La igualdad se refleja en la igual protección bajo la ley y la igualdad de oportunidades para todos los individuos, independientemente de sus diferencias.

Importación (Comercio Internacional): La importación es el proceso de traer bienes o servicios procedentes de otros países para su uso, venta o distribución en el país de destino. Las importaciones son fundamentales para satisfacer la demanda de productos que no se producen internamente o para complementar la producción nacional. Los bienes importados pueden incluir una amplia variedad de productos, desde materias primas y productos manufacturados hasta bienes de consumo y equipos especializados. Las regulaciones y políticas de importación, incluidos los aranceles, las cuotas y las normativas aduaneras, pueden influir en el volumen y la naturaleza del comercio internacional de un país.

Importación (Derecho Aduanero): La importación es el proceso de introducir mercancías extranjeras en un país con el propósito de su venta, distribución, consumo o transformación. En el ámbito del derecho aduanero, la importación está sujeta a una serie de normas y regulaciones que rigen el ingreso de bienes al territorio aduanero de un país. Estas regulaciones pueden abarcar aspectos como los procedimientos de despacho aduanero, los requisitos de documentación, la clasificación arancelaria de las mercancías, la evaluación de impuestos y aranceles, y el cumplimiento de normas sanitarias, fitosanitarias y de seguridad. El incumplimiento de estas regulaciones puede dar lugar a sanciones aduaneras y penales, así como a la confiscación de las mercancías.

Impuestos (Derecho Tributario): Los impuestos son pagos obligatorios que los ciudadanos y las empresas realizan al gobierno para financiar el gasto público y los servicios gubernamentales. Estos pueden incluir impuestos sobre la renta, impuestos sobre las ventas, impuestos sobre la propiedad, impuestos sobre la nómina y varios otros tipos de gravámenes. El derecho tributario se encarga de regular la imposición, recaudación y administración de los impuestos, así como de establecer las normas y los procedimientos para determinar cuánto debe pagar cada contribuyente y cómo se deben utilizar los fondos recaudados por el gobierno.

Inclusión (Derecho a la Educación): La inclusión en la educación se refiere a la capacidad de garantizar que todas las personas, independientemente de sus características individuales o circunstancias, tengan la oportunidad de participar plenamente en el sistema educativo. Esto implica crear entornos educativos que sean acogedores, accesibles y respetuosos con la diversidad, y que promuevan la participación activa y el aprendizaje significativo de todos los estudiantes.

Indígenas (Pueblos Indígenas): Los pueblos indígenas son grupos étnicos que han mantenido una presencia continua en un territorio particular desde tiempos anteriores a la colonización o la formación de estados nacionales modernos. Estos grupos tienen una relación especial con sus tierras ancestrales, a menudo basada en sistemas de conocimientos tradicionales, prácticas culturales y formas de organización social únicas. Los pueblos indígenas suelen enfrentar desafíos específicos relacionados con la preservación de sus culturas, idiomas y formas de vida tradicionales, así como la protección de sus derechos territoriales y la autodeterminación.

Infracción (Propiedad Intelectual): La infracción de derechos de propiedad intelectual se produce cuando se violan los derechos exclusivos otorgados a los creadores de obras originales, como los derechos de autor, patentes, marcas registradas y diseños industriales. La infracción puede incluir la reproducción, distribución, exhibición, ejecución o uso no autorizado de una obra protegida, sin el permiso del titular de los derechos de propiedad intelectual. Las acciones legales, como demandas por infracción y órdenes de cese y desistimiento, pueden ser tomadas por los titulares de derechos de propiedad intelectual para proteger sus derechos y obtener compensación por daños y perjuicios causados por la infracción.

Inmigración (Nacionalidad): La inmigración es el proceso de entrar y establecerse en un país del que no se es nativo o ciudadano. Puede ser temporal o permanente y puede implicar solicitar un visado, obtener la residencia legal y, eventualmente, buscar la ciudadanía a través de la naturalización. La inmigración puede ser motivada por diversas razones, como oportunidades económicas, reunificación familiar, búsqueda de seguridad o escape de persecución.

Inmueble (Propiedad): Un inmueble es un bien inmobiliario que comprende terrenos y las construcciones adheridas a ellos de manera permanente, como edificios, casas, apartamentos y cualquier otra estructura fija. La propiedad de un inmueble confiere a su titular derechos sobre el uso, disfrute y disposición del mismo, sujeto a las leyes y regulaciones locales.

Innovación (Marcas y Patentes): La innovación juega un papel crucial en el ámbito de las marcas y patentes, ya que la creación de nuevos productos, servicios o tecnologías es lo que impulsa el progreso y el desarrollo en diversos sectores. Las marcas registradas pueden ser un reflejo de la innovación en el diseño, la calidad o la prestación de servicios, mientras que las patentes protegen la innovación técnica y científica al otorgar derechos exclusivos sobre nuevas invenciones. Fomentar la innovación es fundamental para el crecimiento económico y la competitividad en el mercado global.

Inocente (Derechos Humanos): Una persona es considerada inocente hasta que se demuestre lo contrario mediante un proceso judicial justo y equitativo. El principio de presunción de inocencia establece que nadie puede ser considerado culpable de un delito sin una sentencia firme que así lo establezca. Esto significa que la carga de la prueba recae sobre la acusación, y no sobre la persona acusada, quien no está obligada a demostrar su inocencia. La protección de la presunción de inocencia es fundamental para garantizar los derechos fundamentales de las personas y evitar condenas injustas o arbitrarias.

Interés (Derecho Bancario): El interés en el contexto del derecho bancario se refiere al costo que el prestatario asume al solicitar un préstamo o crédito a una entidad financiera. Es la remuneración que el prestatario paga al prestamista por el uso del dinero prestado durante un período de tiempo determinado. El interés puede expresarse en forma de una tasa fija o variable y se calcula sobre el saldo pendiente del préstamo. La regulación del interés bancario abarca aspectos relacionados con la fijación de tasas máximas, la transparencia en la información sobre costos financieros, la usura y la protección al consumidor.

Internet (Derecho Informático): Internet es una red global de comunicaciones que conecta millones de dispositivos y sistemas informáticos en todo el mundo. En el ámbito del derecho informático, Internet presenta una serie de desafíos legales relacionados con la regulación de actividades en línea, la protección de la privacidad y la seguridad cibernética, y la garantía de la libertad de expresión y el acceso a la información en la red. La regulación de Internet abarca aspectos como la neutralidad de la red, la protección de datos personales, la censura en línea y la responsabilidad legal de los proveedores de servicios de Internet (ISPs) y plataformas en línea.

Invención (Marcas y Patentes): es un nuevo producto, proceso o mejora significativa sobre un producto o proceso existente que presenta una solución técnica a un problema específico. En el contexto de la propiedad industrial, una invención puede ser patentada si cumple con ciertos criterios de patentabilidad, como la novedad, la actividad inventiva y la aplicabilidad industrial. Las invenciones patentadas otorgan a sus titulares el derecho exclusivo de explotar comercialmente la invención durante un período de tiempo determinado, a cambio de revelar públicamente la información técnica asociada con la invención. Esto promueve la innovación al

incentivar la investigación y el desarrollo tecnológico, al mismo tiempo que protege los intereses comerciales de los inventores.

Inversión (Derecho Bancario): En el ámbito del derecho bancario, la inversión se refiere al proceso mediante el cual los bancos y otras entidades financieras destinan recursos a la adquisición de activos financieros, como acciones, bonos, fondos de inversión, bienes raíces u otros instrumentos, con el fin de obtener rentabilidad y maximizar el valor de los fondos gestionados. La regulación de la inversión bancaria abarca aspectos relacionados con la diversificación de carteras, la gestión de riesgos, la transparencia en la información financiera, los conflictos de interés, la prevención del lavado de dinero y el cumplimiento de normativas específicas en materia de inversión.

Inversiones (Banca Internacional): Las inversiones en el ámbito de la banca internacional se refieren a la colocación de fondos en diferentes instrumentos financieros o activos en mercados extranjeros. Estas inversiones pueden incluir la compra de acciones, bonos, fondos mutuos, bienes raíces y otros activos financieros en países fuera del país de origen del inversionista. Las personas y empresas suelen diversificar sus inversiones internacionalmente para aprovechar oportunidades de crecimiento en otros mercados, mitigar riesgos y optimizar rendimientos.

Inversiones (Derecho Mercantil): Las inversiones en el derecho mercantil se refieren a la asignación de recursos financieros o activos con el propósito de obtener un rendimiento económico futuro. Las inversiones pueden adoptar diversas formas, como la compra de acciones, bonos, bienes raíces, empresas u otros activos financieros. El derecho mercantil regula aspectos relacionados con la inversión, incluidas las leyes y regulaciones que rigen la oferta y venta de valores, la protección de los inversionistas, la transparencia del mercado y las prácticas comerciales justas. Las inversiones juegan un papel fundamental en la economía y el derecho mercantil proporciona el marco legal para su realización y protección.

Investigación (Derecho. Bioética): La investigación en el campo de la bioética abarca una amplia gama de estudios y ensayos clínicos diseñados para mejorar nuestra comprensión de los aspectos éticos y morales de la atención médica y la biotecnología. Esto puede incluir investigaciones sobre el consentimiento informado, la experimentación médica, la clonación, la manipulación genética, la donación de órganos, entre otros temas. La investigación bioética se basa en principios éticos fundamentales, como el respeto a la autonomía, la beneficencia, la no maleficencia y la justicia.

Jubilación (Seguridad Social) (Derecho Tercera Edad): La jubilación es el momento en que una persona deja de trabajar, generalmente después de alcanzar una cierta edad o cumplir con ciertos requisitos de tiempo de servicio. En el contexto de la seguridad social, la jubilación se asocia comúnmente con la elegibilidad para recibir una pensión o ingreso regular, que se paga periódicamente para sustentar al individuo después de su salida del mercado laboral. La edad de jubilación y los requisitos para recibir beneficios de jubilación varían según el sistema de seguridad social y las leyes de cada país.

Juez (Derechos Humanos): El juez es la autoridad encargada de administrar justicia y aplicar las leyes en un proceso judicial. Tiene la función de interpretar y aplicar las normas legales, resolver conflictos entre las partes y dictar sentencias conforme al derecho y a los principios de equidad y justicia. Los jueces deben ser imparciales e independientes, y actuar de acuerdo con los principios de legalidad y debido proceso. Su labor es fundamental para garantizar el respeto de los derechos humanos y la protección de la legalidad en el sistema judicial.

Juicio Justo (Asistencia Legal): El juicio justo en el contexto de la asistencia legal se refiere al derecho fundamental de todo individuo a un proceso legal imparcial y equitativo. Esto implica que todas las partes involucradas en un caso tengan la oportunidad de presentar sus argumentos y pruebas de manera justa, que el juez sea imparcial y que se respeten los derechos legales y constitucionales de los acusados. La asistencia legal busca garantizar que se cumplan los principios de un juicio justo en todos los casos legales.

Jurisdicción (Constitucional): La jurisdicción se refiere al alcance o ámbito del poder legal y judicial de una autoridad, como un tribunal o una institución gubernamental. En el contexto constitucional, la jurisdicción se refiere a la autoridad otorgada por la constitución a los diferentes niveles de gobierno y a los tribunales para ejercer el poder legislativo, ejecutivo y judicial sobre determinados asuntos y territorios. La constitución puede establecer la distribución de competencias entre los diferentes niveles de gobierno y los tribunales, así como los límites y procedimientos para la aplicación de la ley y la resolución de disputas.

Jurisdicción (Derechos Humanos): La jurisdicción se refiere al poder y la autoridad de un tribunal o una autoridad legal para juzgar y hacer cumplir las leyes dentro de un territorio o sobre un determinado asunto. En el contexto de los derechos humanos, la jurisdicción es fundamental para garantizar el acceso a la justicia y la rendición de cuentas por violaciones de derechos. Los tribunales nacionales e internacionales, como la Corte Internacional de Justicia y la Corte Penal Internacional, ejercen jurisdicción sobre casos de violaciones graves de los derechos humanos, incluyendo crímenes de guerra, crímenes contra la humanidad y genocidio. Además, los tratados y convenciones internacionales pueden conferir jurisdicción a los órganos de supervisión de los derechos humanos para examinar y dictaminar sobre denuncias de violaciones de derechos.

Jurisdicción (Internacional Privado): La jurisdicción se refiere al poder y la autoridad de un tribunal o un sistema legal para ejercer su competencia sobre ciertos asuntos legales. En el ámbito del derecho internacional privado, la cuestión de la jurisdicción es crucial, ya que determina qué tribunales tienen la autoridad para resolver disputas que involucran partes ubicadas en diferentes países o que están vinculadas por contratos internacionales. La jurisdicción puede ser territorial, basada en la ubicación física de las partes o los hechos en cuestión, o puede ser determinada por acuerdos contractuales o convenciones internacionales. La determinación de la jurisdicción adecuada en casos internacionales a menudo implica consideraciones complejas relacionadas con la ley aplicable, la competencia del tribunal y el reconocimiento mutuo de decisiones judiciales entre países.

Jurisdicción (Penal Internacional): La jurisdicción en el contexto del derecho penal internacional se refiere al poder o la autoridad que tienen los tribunales para investigar, enjuiciar y sancionar los crímenes internacionales. La jurisdicción puede ser nacional, cuando un Estado tiene competencia para juzgar crímenes cometidos dentro de su territorio o por sus nacionales; o internacional, cuando se establecen tribunales especiales o se recurre a jurisdicciones supranacionales para perseguir y enjuiciar crímenes que afectan a la comunidad internacional en su conjunto. La jurisdicción internacional puede basarse en tratados, convenios internacionales, resoluciones del Consejo de Seguridad de las Naciones Unidas o principios de derecho consuetudinario.

Justicia (Asistencia Legal): La justicia en el contexto de la asistencia legal se refiere a la búsqueda de equidad y resolución de disputas a través del sistema legal. Los servicios de asistencia legal buscan garantizar que todas las personas tengan acceso a un proceso justo y imparcial, independientemente de su situación económica, social o personal. Esto implica brindar recursos

legales y apoyo a aquellos que enfrentan desafíos legales, con el objetivo de garantizar que se respeten sus derechos y se promueva la igualdad ante la ley.

Justicia (Derechos Humanos): La justicia es un principio fundamental en los derechos humanos que busca garantizar que todas las personas tengan acceso a un sistema legal justo e imparcial. Implica el respeto de los derechos legales y la protección contra el abuso y la arbitrariedad. La justicia incluye el derecho a un juicio justo, la presunción de inocencia, la protección contra la tortura y el trato cruel, inhumano o degradante, y el derecho a un recurso efectivo ante los tribunales. Es fundamental para el estado de derecho y la protección de los derechos humanos.

Lavado de Dinero (Banca Internacional): El lavado de dinero es el proceso mediante el cual los delincuentes intentan ocultar el origen ilícito de fondos obtenidos a través de actividades criminales, para que estos parezcan legítimos. En el contexto de la banca internacional, el lavado de dinero puede implicar el uso de cuentas offshore, transferencias financieras internacionales, inversiones en paraísos fiscales y otras estrategias para dificultar el rastreo de los fondos y evitar la detección por parte de las autoridades financieras y de aplicación de la ley.

Legado (Derecho Sucesorio): Un legado es una disposición en un testamento que otorga a una persona específica, conocida como legatario, el derecho a recibir un bien o un derecho específico de la herencia del fallecido. Los legados pueden incluir propiedades, dinero, bienes muebles, joyas u otros activos específicos. Los legados pueden ser de naturaleza testamentaria, donde se otorgan según las disposiciones del testamento del difunto, o pueden ser legados forzosos establecidos por la ley para ciertos herederos, como el legítimo o la legítima en algunas jurisdicciones.

Legítima (Derecho Sucesorio): La legítima es la porción de la herencia de una persona que, según la ley, está destinada a ser heredada por ciertos herederos forzosos, como los hijos, el cónyuge o los ascendientes del difunto. La legítima está destinada a proteger los derechos sucesorios de estos herederos y generalmente se calcula como una fracción o porcentaje fijo del patrimonio del difunto. Aunque los testadores tienen la libertad de disponer de una parte de su patrimonio mediante testamento, la legítima es una porción inalienable de la herencia que no puede ser excluida por completo mediante disposiciones testamentarias.

Ley Aplicable (Internacional Privado): En el ámbito del derecho internacional privado, la ley aplicable se refiere a la normativa legal que un tribunal utiliza para resolver disputas que involucran elementos extranjeros. Esto incluye casos en los que las partes están ubicadas en diferentes países o cuando los contratos o los eventos en disputa tienen conexiones con múltiples jurisdicciones. La determinación de la ley aplicable puede ser compleja y generalmente implica la aplicación de reglas y principios específicos, como las reglas de conflicto de leyes, que ayudan a determinar qué jurisdicción tiene la autoridad para resolver la disputa y cuál es la ley pertinente para el caso en cuestión.

Libertad (Derechos Humanos): La libertad es un principio fundamental en los derechos humanos que garantiza la capacidad de las personas para actuar y tomar decisiones sin restricciones indebidas. Incluye libertades individuales como la libertad de expresión, la libertad de religión, la libertad de asociación y la libertad de movimiento. La libertad es un componente esencial de la dignidad humana y está protegida por tratados internacionales de derechos humanos.

Libre Competencia (Derecho de la Competencia): La libre competencia es un principio fundamental del derecho de la competencia que promueve la idea de que los mercados deben estar abiertos a la entrada y salida de empresas, y que los competidores deben tener la libertad

de competir en igualdad de condiciones sin interferencia indebida. El objetivo de la libre competencia es fomentar la eficiencia económica, la innovación, la calidad y la variedad de productos y servicios, así como garantizar que los consumidores tengan acceso a precios competitivos y opciones diversificadas. Las leyes y políticas de libre competencia buscan prevenir prácticas anticompetitivas que puedan distorsionar el funcionamiento del mercado y socavar la competencia.

Licencia (Derecho Administrativo): Una licencia, en el derecho administrativo, es una autorización o permiso otorgado por la administración pública a una persona o entidad para realizar ciertas actividades o ejercer ciertos derechos en el ámbito de su competencia. Estas licencias pueden ser requeridas para actividades como conducir vehículos, operar negocios, construir edificaciones, ejercer profesiones reguladas, entre otros. Su otorgamiento está sujeto al cumplimiento de requisitos legales y administrativos, así como al pago de tasas o impuestos correspondientes. Las licencias pueden ser revocadas o suspendidas en caso de incumplimiento de las normativas aplicables o por razones de interés público.

Licencia (Derecho Urbanístico): Una licencia urbanística es un acto administrativo mediante el cual la autoridad competente autoriza la realización de determinadas obras o actividades en el ámbito urbano, como la construcción, modificación o rehabilitación de inmuebles. Para obtener una licencia, los interesados deben presentar una solicitud acompañada de la documentación requerida y cumplir con los requisitos establecidos por la normativa urbanística vigente. La obtención de una licencia está sujeta al cumplimiento de condiciones técnicas, urbanísticas, medioambientales y administrativas, y su objetivo es garantizar el cumplimiento de la legalidad y la adecuación de las obras al planeamiento urbano.

Licencia (Tráfico y Seguridad Vial): La licencia de conducir es un documento oficial emitido por las autoridades de tránsito de un país o jurisdicción que autoriza a una persona a operar vehículos en las vías públicas. Para obtener una licencia de conducir, los aspirantes deben cumplir con ciertos requisitos, que pueden incluir la aprobación de exámenes teóricos y prácticos de conducción, la demostración de habilidades de manejo seguro, la realización de cursos de formación vial y el cumplimiento de requisitos de edad mínima. Las licencias de conducir suelen clasificarse en diferentes categorías según el tipo de vehículo que se pretende conducir y pueden requerir renovación periódica para asegurar que los conductores mantengan sus habilidades y conocimientos actualizados.

Mala praxis (Derecho de la Salud): La mala praxis, también conocida como negligencia médica o mala praxis, se refiere a la conducta profesional inadecuada, descuidada o negligente por parte de un proveedor de atención médica que resulta en lesiones, daños o muerte al paciente. Los casos de mala praxis pueden incluir diagnósticos erróneos, errores en el tratamiento, falta de seguimiento adecuado, errores quirúrgicos, prescripciones incorrectas de medicamentos u omisión de informar adecuadamente sobre los riesgos asociados con un tratamiento. Los pacientes afectados por mala praxis pueden tener derecho a presentar demandas legales para buscar compensación por los daños sufridos.

Manipulación (Derecho. Bioética): En el contexto de la bioética, la manipulación se refiere al uso de técnicas de modificación genética o biotecnológica para alterar características genéticas o biológicas de organismos vivos. Esto puede incluir la modificación genética de plantas, animales o incluso seres humanos. La manipulación genética plantea importantes cuestiones éticas relacionadas con la seguridad, la equidad, el consentimiento informado y el potencial impacto en la biodiversidad y la salud humana y ambiental.

Marca (Propiedad Intelectual): Una marca es un signo distintivo, como un nombre, logotipo, símbolo, diseño o combinación de estos elementos, que identifica y distingue los productos o servicios de una empresa de los de otras empresas. Las marcas pueden ser registradas para obtener protección legal contra el uso no autorizado por parte de terceros, y otorgan a su titular el derecho exclusivo de utilizar la marca en relación con los productos o servicios para los que está registrada. Las marcas registradas ayudan a los consumidores a identificar y diferenciar los productos y servicios en el mercado, y contribuyen al prestigio y reputación de una empresa.

Marina (Derecho Marítimo): El término "marina" en el contexto del derecho marítimo se refiere a las fuerzas navales o militares de un país, así como a las instalaciones y actividades relacionadas con la navegación y el transporte marítimo. Esto incluye puertos, astilleros, bases navales, terminales de carga, muelles y otras infraestructuras marítimas. La regulación legal de las actividades en áreas marinas y costeras, así como la protección de la soberanía nacional en aguas territoriales, son aspectos importantes del derecho marítimo relacionados con las operaciones en instalaciones marítimas.

Matrimonio (Derecho Civil): El matrimonio es una institución legal y social que establece una unión formal y reconocida entre dos personas, generalmente con el propósito de crear una familia y compartir responsabilidades y recursos. Las leyes matrimoniales regulan diversos aspectos de la relación matrimonial, como los requisitos para contraer matrimonio, los derechos y obligaciones de los cónyuges, el régimen de bienes, el divorcio, la pensión alimenticia y la custodia de los hijos. Las leyes matrimoniales pueden variar significativamente según la jurisdicción y pueden estar influenciadas por factores culturales, religiosos y sociales.

Matrimonio (Derecho de Familia): El matrimonio en el derecho de familia se refiere a la unión legal y formal entre dos personas que establece derechos y obligaciones conyugales, así como derechos legales sobre bienes, herencia y decisiones relacionadas con la familia. El matrimonio puede estar regulado por leyes civiles, religiosas o ambas, y las parejas pueden optar por contraer matrimonio mediante ceremonias civiles, religiosas o ambas. El derecho de familia regula aspectos relacionados con el matrimonio, como la edad legal para contraerlo, los requisitos de consentimiento, los derechos y deberes conyugales, y los procedimientos de disolución del matrimonio, como el divorcio o la anulación.

Medio Ambiente (Derecho Ambiental): El medio ambiente en el derecho ambiental se refiere al entorno natural que rodea a los seres humanos, incluyendo el aire, el agua, el suelo, la flora y la fauna. El derecho ambiental aborda la protección y preservación de estos recursos naturales, así como la gestión de los impactos ambientales derivados de las actividades humanas. Esto incluye la regulación de la contaminación, la conservación de la biodiversidad, la gestión de residuos, la protección de los ecosistemas y la mitigación del cambio climático, entre otros aspectos relacionados con la salud y la integridad del medio ambiente.

Menor (Derecho de la Niñez): En el contexto del derecho de la niñez, se refiere a los individuos que aún no han alcanzado la mayoría de edad legal definida por la ley. Los derechos de los menores incluyen el derecho a la protección, la educación, la salud, la participación en decisiones que les afecten y a no ser objeto de discriminación. Los menores son considerados sujetos de especial protección debido a su vulnerabilidad y a que están en proceso de desarrollo físico, mental y emocional.

Mercancías (Derecho Aduanero): En el contexto del derecho aduanero, las mercancías se refieren a los bienes físicos, productos o artículos que son objeto de comercio internacional y que están sujetos a regulación por parte de las autoridades aduaneras. Estas mercancías pueden

incluir una amplia variedad de productos, desde materias primas y productos manufacturados hasta bienes de consumo y maquinaria industrial. Las autoridades aduaneras aplican diferentes procedimientos y controles para garantizar el cumplimiento de las regulaciones aduaneras, incluyendo la inspección de mercancías, la valoración aduanera, la determinación de la clasificación arancelaria y la aplicación de medidas de seguridad y protección del medio ambiente.

Migración (Derechos Refugiados): La migración se refiere al movimiento de personas de un lugar a otro con el propósito de establecerse temporal o permanentemente en un nuevo país o región. La migración puede ser voluntaria o forzada, y puede estar motivada por una variedad de factores, como la búsqueda de mejores oportunidades económicas, la reunificación familiar, el conflicto armado, la persecución, el cambio climático y la falta de seguridad alimentaria. Los migrantes tienen derechos humanos fundamentales, incluido el derecho a la vida, la libertad y la seguridad personal, independientemente de su estatus migratorio. Sin embargo, los migrantes en situación irregular o solicitantes de asilo pueden enfrentar vulnerabilidades adicionales y desafíos en el ejercicio de sus derechos.

Migración (Extranjería): La migración es el desplazamiento de personas de un lugar a otro con la intención de establecerse temporal o permanentemente en un nuevo lugar de residencia. Puede ser voluntaria o forzada, y puede deberse a una variedad de factores, como razones económicas, sociales, políticas o ambientales. La migración puede ocurrir dentro de un mismo país (migración interna) o entre diferentes países (migración internacional), y puede tener efectos significativos en las sociedades de origen y destino.

Monopolio (Banca de Inversión): El monopolio en el ámbito de la banca de inversión se refiere a la situación en la que una única institución financiera domina el mercado y ejerce un control significativo sobre la oferta de servicios financieros. En un mercado monopolístico, la institución dominante puede tener la capacidad de fijar precios, restringir la competencia y ejercer un poder desproporcionado sobre los clientes. Los monopolios en la banca de inversión pueden surgir debido a barreras de entrada significativas, fusiones y adquisiciones, o prácticas anticompetitivas.

Monopolio (Derecho de la Competencia): Un monopolio se refiere a una situación en la que una empresa o grupo de empresas tiene el control absoluto sobre la producción, distribución y venta de un bien o servicio en un mercado específico. En el contexto del derecho de la competencia, los monopolios pueden ser problemáticos porque tienden a restringir la competencia, limitar las opciones para los consumidores y aumentar los precios. Las leyes antimonopolio y las regulaciones de competencia buscan prevenir y desalentar la formación y el abuso de monopolios, promoviendo en su lugar la competencia libre y justa en el mercado.

Multa (Tráfico y Seguridad Vial): Una multa de tráfico es una sanción económica impuesta por las autoridades de tránsito a los conductores que violan las leyes o normativas de tráfico. Las multas pueden ser emitidas por una variedad de infracciones, como exceso de velocidad, estacionamiento indebido, conducción bajo la influencia del alcohol o drogas, uso indebido del teléfono móvil mientras se conduce, entre otros. El propósito de las multas de tráfico es disuadir comportamientos peligrosos en la vía pública, promover el cumplimiento de las normas de tráfico y mejorar la seguridad vial. Las multas pueden variar en cantidad dependiendo de la gravedad de la infracción y las regulaciones específicas de cada jurisdicción.

Nacional (Nacionalidad): La nacionalidad se refiere a la pertenencia legal y la lealtad de un individuo a un estado soberano. Es un vínculo jurídico entre una persona y un país que otorga

derechos y obligaciones, como el derecho a vivir y trabajar en el país, participar en elecciones y recibir protección diplomática. La nacionalidad puede obtenerse por nacimiento, ascendencia, naturalización o por otros medios establecidos por la ley de cada país.

Nacionalidad (Extranjería): La nacionalidad es el vínculo jurídico que une a una persona con un Estado, otorgándole derechos y obligaciones específicos. La nacionalidad confiere a los individuos la pertenencia a una comunidad política y les otorga derechos civiles y políticos en el país de origen, como el derecho a votar y a ser votado, así como la protección diplomática y consular del Estado. La nacionalidad puede adquirirse por nacimiento, por descendencia, por naturalización o por otros medios establecidos por la legislación de cada país.

Naturalización (Nacionalidad): La naturalización es el proceso legal mediante el cual un extranjero adquiere la nacionalidad de un país en el que no nació. Este proceso varía según las leyes de cada país, pero generalmente implica cumplir con ciertos requisitos, como residencia continua, dominio del idioma, conocimiento de la cultura y valores del país, y jurar lealtad a la nación anfitriona. Una vez naturalizado, el individuo adquiere los mismos derechos y responsabilidades que los ciudadanos por nacimiento.

Naufragio (Derecho Marítimo): El naufragio se refiere a la pérdida total o parcial de un buque como resultado de un accidente en el mar. En el derecho marítimo, el naufragio puede involucrar la colisión con otros buques, encallar en rocas o arrecifes, el hundimiento debido a condiciones climáticas adversas o el fallo estructural de la embarcación. La regulación del naufragio abarca aspectos como la seguridad de la tripulación y los pasajeros, la protección del medio ambiente marino contra la contaminación por combustible y carga, y la responsabilidad del propietario del buque por los daños y perjuicios causados por el naufragio. Los procedimientos legales para investigar las causas del naufragio y determinar la responsabilidad pueden incluir investigaciones oficiales y procesos judiciales.

Navegación (Derecho Internacional del Mar): La navegación se refiere al movimiento de embarcaciones por el mar o por cuerpos de agua navegables. En el contexto del derecho internacional del mar, la navegación aborda los derechos y obligaciones de los estados y las embarcaciones en alta mar, en las zonas económicas exclusivas (ZEE) y en las aguas territoriales. Los principios de libertad de navegación y sobrevuelo son fundamentales en el derecho internacional del mar, garantizando que las embarcaciones extranjeras puedan transitar libremente por las aguas internacionales y las ZEE, siempre y cuando cumplan con las leyes y regulaciones pertinentes y no pongan en peligro la seguridad o el medio ambiente marino.

Navegación (Derecho Marítimo): La navegación en el ámbito del derecho marítimo se refiere al acto de conducir o dirigir una embarcación por el agua, ya sea en alta mar o en aguas interiores. Incluye todas las actividades relacionadas con la operación y gestión de buques, como la planificación de rutas, el cumplimiento de regulaciones de seguridad marítima, la navegación en condiciones meteorológicas adversas y la comunicación con otros buques y autoridades portuarias. La navegación también abarca aspectos legales como la responsabilidad del capitán y la tripulación, la seguridad de la carga y la protección del medio ambiente marino.

Negociación (Derecho de Trabajo): La negociación es el proceso mediante el cual los representantes de los trabajadores (generalmente sindicatos) y los empleadores discuten y llegan a acuerdos sobre temas laborales como salarios, condiciones de trabajo, beneficios y otros asuntos relacionados con el empleo. En el contexto del derecho laboral, la negociación a menudo se refiere a las conversaciones formales entre las partes con el objetivo de llegar a un convenio

colectivo o un acuerdo laboral que regule las relaciones laborales en un lugar de trabajo o en una industria determinada.

Normativas (Derecho Ambiental): Las normativas en el derecho ambiental se refieren al conjunto de leyes, reglamentos, directrices y políticas gubernamentales que regulan la protección, gestión y uso sostenible de los recursos naturales y el medio ambiente. Estas normativas abarcan una amplia gama de temas, incluyendo la calidad del aire y del agua, la gestión de residuos, la conservación de la biodiversidad, la protección de áreas naturales protegidas, la mitigación del cambio climático y la responsabilidad ambiental de las actividades humanas. Las normativas ambientales son fundamentales para garantizar la protección del medio ambiente y la salud humana, así como para promover el desarrollo sostenible.

Notariado (Derecho Notarial): El notariado es la profesión y el conjunto de actividades ejercidas por los notarios, funcionarios públicos encargados de autorizar, interpretar y dar fe de los actos y contratos jurídicos de carácter civil, mercantil, administrativo y procesal. Los notarios actúan como intermediarios imparciales y neutrales en la formalización de acuerdos entre las partes, garantizando la legalidad, autenticidad y seguridad jurídica de los documentos que autorizan. Su función principal es asegurar que los actos jurídicos se ajusten a la normativa vigente y proteger los intereses de las partes involucradas, así como de la sociedad en su conjunto.

Notario (Derecho Notarial): Un notario es un funcionario público autorizado para certificar actos y hechos jurídicos, así como para otorgar fe pública sobre documentos. En el ámbito del derecho notarial, el notario desempeña un papel fundamental en la autenticación y formalización de diversos tipos de contratos, acuerdos y transacciones legales. Entre las funciones principales de un notario se encuentran la redacción y la autorización de escrituras públicas, la legalización de firmas, la realización de actos de conciliación y la custodia de documentos importantes. El notario actúa como un intermediario imparcial y neutral cuya intervención garantiza la legalidad y la validez de los actos jurídicos.

Obligaciones (Derecho Civil): Las obligaciones son deberes legales que una persona tiene hacia otra parte y que pueden ser exigidos mediante acciones legales. Pueden surgir de un contrato, un acto ilícito o una disposición legal, y pueden incluir la obligación de hacer algo (obligación positiva) o de abstenerse de hacer algo (obligación negativa). Las obligaciones pueden ser civiles, como el pago de una deuda o el cumplimiento de un contrato, o pueden tener consecuencias penales en caso de incumplimiento, como en el caso de un delito. Las obligaciones pueden surgir de diversas fuentes, como acuerdos voluntarios, leyes y regulaciones, o decisiones judiciales.

Offshore (Banca Internacional): El término "offshore" se refiere a la actividad bancaria realizada en jurisdicciones fuera del país de residencia del titular de la cuenta. Estos centros financieros offshore a menudo ofrecen beneficios fiscales, confidencialidad y flexibilidad regulatoria. Las cuentas offshore pueden utilizarse para diversos fines legítimos, como la diversificación de inversiones, la protección de activos y la planificación fiscal internacional, pero también pueden ser utilizadas para el lavado de dinero, la evasión fiscal y otras actividades ilícitas.

Ordenanzas (Derecho Urbanístico): Las ordenanzas municipales son normativas emitidas por los municipios que regulan diversos aspectos de la vida urbana, como el uso del suelo, la edificación, la movilidad, la protección del medio ambiente, la convivencia ciudadana, entre otros. En el ámbito del derecho urbanístico, las ordenanzas municipales tienen un papel fundamental en la aplicación y el cumplimiento de la normativa urbanística vigente. Estas normativas pueden variar de un municipio a otro y suelen ser complementarias a la legislación estatal y autonómica en materia urbanística. Las ordenanzas municipales pueden establecer requisitos, limitaciones,

prohibiciones y sanciones relacionadas con la actividad urbana, contribuyendo así a la regulación y el ordenamiento de la ciudad.

Organización (Internacional): En el derecho internacional, una organización se refiere a una entidad compuesta por estados u otras entidades internacionales que se han unido con el fin de lograr objetivos comunes y cooperar en áreas específicas de interés mutuo. Estas organizaciones pueden tener diferentes estructuras, funciones y mandatos, y pueden abarcar desde organizaciones regionales hasta organismos internacionales globales. Ejemplos de organizaciones internacionales incluyen las Naciones Unidas (ONU), la Organización Mundial del Comercio (OMC), la Organización del Tratado del Atlántico Norte (OTAN) y la Unión Europea (UE). Las organizaciones internacionales desempeñan un papel importante en la promoción de la paz, la seguridad y el desarrollo sostenible a nivel mundial.

Paciente (Derecho de la Salud): El paciente es una persona que recibe atención médica, tratamiento o cuidado de salud por parte de profesionales de la salud, como médicos, enfermeras u otros proveedores de atención médica. Los derechos del paciente incluyen el derecho a recibir atención médica de calidad, a la privacidad y confidencialidad de la información médica, a participar en decisiones sobre su atención médica, a ser tratado con respeto y dignidad, a acceder a su historial médico y a recibir información clara y comprensible sobre su salud y tratamiento. Los pacientes también tienen responsabilidades, como seguir las recomendaciones del médico, informar sobre su estado de salud y participar activamente en su cuidado.

Parcela (Propiedad): Una parcela es una porción de tierra delimitada y registrada dentro de una propiedad más grande. Las parcelas suelen tener un uso específico, como la construcción de viviendas, la agricultura, la industria u otros fines. Cada parcela puede tener su propio número de identificación y estar sujeta a regulaciones específicas en cuanto a su uso y desarrollo.

Partido (Derecho Electoral): Un partido político es una organización que representa y promueve intereses políticos particulares y busca influir en la formulación de políticas gubernamentales. En el derecho electoral, los partidos políticos están sujetos a regulaciones y requisitos legales, que pueden incluir el registro oficial, la divulgación de financiamiento de campañas, los límites de gastos, y la participación en debates y elecciones. Los partidos políticos desempeñan un papel crucial en los sistemas democráticos al proporcionar opciones políticas a los votantes y competir por el poder político en elecciones.

Pasaporte (Nacionalidad): El pasaporte es un documento de identificación y viaje emitido por un gobierno nacional que certifica la nacionalidad y la identidad de su titular. Es un requisito para cruzar fronteras internacionales y se utiliza para verificar la identidad de una persona al entrar o salir de un país. Además de contener información personal, como el nombre, la fecha de nacimiento y la fotografía del titular, el pasaporte suele contener sellos y visas que indican los países a los que su titular tiene permiso para viajar.

Patente (Propiedad Intelectual): Una patente es un derecho exclusivo concedido por un gobierno a un inventor o a su titular durante un período específico, que generalmente es de veinte años, para impedir que otros fabriquen, utilicen, vendan o importen una invención sin su consentimiento. Las patentes protegen invenciones como nuevos productos, procesos o mejoras de los mismos, y proporcionan a los titulares el derecho exclusivo de explotar comercialmente su invención durante el período de validez de la patente. A cambio de esta protección, el titular de la patente debe divulgar públicamente los detalles de su invención.

Patria Potestad (Derecho de Familia): La patria potestad en el derecho de familia se refiere al conjunto de derechos y deberes que tienen los padres sobre sus hijos menores de edad para proteger, cuidar, educar y representar legalmente a los niños. Estos derechos incluyen la responsabilidad de tomar decisiones importantes sobre la vida y el bienestar de los hijos, como la elección de la educación, la atención médica, la religión y la residencia. La patria potestad puede ser ejercida de forma conjunta por ambos padres o de forma exclusiva por uno de ellos en casos de divorcio, separación o defunción del otro progenitor.

Patrimonio (Derecho Sucesorio): El patrimonio se refiere al conjunto de bienes, derechos y obligaciones de una persona, tanto presentes como futuros, que tienen un valor económico y pueden ser objeto de transmisión o herencia. El patrimonio de una persona fallecida constituye la base de su herencia y se transfiere a sus herederos o legatarios después de su muerte. Incluye activos tangibles como propiedades, vehículos, cuentas bancarias, inversiones, así como activos intangibles como derechos de autor, marcas comerciales, pensiones y obligaciones financieras.

Pensiones (Derecho Tercera Edad) (Seguridad Social): Las pensiones son pagos regulares que se realizan a personas jubiladas o mayores para garantizarles un ingreso continuo después de su retiro del mercado laboral. Estos pagos pueden provenir de diversos sistemas de seguridad social, como el sistema de seguridad social público, planes de pensiones privados o fondos de pensiones patrocinados por el empleador. Las pensiones pueden basarse en contribuciones realizadas durante la vida laboral del individuo, en factores como el salario y el tiempo de servicio, o pueden ser financiadas por el gobierno a través de impuestos u otros recursos. El objetivo de las pensiones es proporcionar seguridad financiera a las personas mayores y ayudarles a mantener un nivel de vida adecuado durante la jubilación.

Persecución (Derechos Refugiados): La persecución se refiere a la acción de hostigar, oprimir o maltratar a una persona o grupo de personas debido a su raza, religión, nacionalidad, afiliación política u opinión social. En el contexto de los derechos de los refugiados, la persecución es una de las razones fundamentales por las cuales las personas huyen de sus países de origen y buscan protección en otro lugar. La persecución puede tomar muchas formas, como la discriminación sistemática, la violencia física, la intimidación, las amenazas y la detención arbitraria. El derecho internacional reconoce el derecho de las personas a buscar y disfrutar de asilo cuando son objeto de persecución en su país de origen.

Persecución (Penal Internacional): La persecución, en el contexto del derecho penal internacional, se refiere a una de las conductas consideradas como crímenes de lesa humanidad. Consiste en la privación deliberada y grave de derechos fundamentales, como la vida, la libertad o la integridad física o mental, basada en motivos discriminatorios, como la pertenencia étnica, religiosa, política u otra condición similar. La persecución puede incluir actos como el asesinato, la deportación, la tortura, la violación, el desplazamiento forzado o cualquier otro acto inhumano que cause graves sufrimientos físicos o mentales. Se considera un crimen de lesa humanidad porque atenta contra la dignidad y el bienestar de las personas y constituye una violación grave de los derechos humanos.

Pesca (Derecho Internacional del Mar): La pesca es una actividad económica crucial que se lleva a cabo en los océanos y mares de todo el mundo. El derecho internacional del mar regula la pesca marítima y establece normas y principios para la conservación y gestión sostenible de los recursos pesqueros. Esto incluye la regulación de las actividades de pesca en las ZEE, la lucha contra la pesca ilegal, no declarada y no reglamentada (INDNR) y la promoción de la cooperación internacional en la gestión de las poblaciones de peces migratorios. Los acuerdos internacionales

también abordan cuestiones como las cuotas de pesca, las medidas de conservación y el acceso a los recursos pesqueros.

Piratería (Derecho Informático): La piratería informática, también conocida como ciberpiratería, se refiere a la práctica ilegal de acceder, manipular, robar o dañar sistemas informáticos, redes o datos sin autorización. En el ámbito del derecho informático, la piratería informática constituye una violación de las leyes y regulaciones relacionadas con la seguridad cibernética, la protección de datos y la propiedad intelectual. Los actos de piratería informática pueden incluir el acceso no autorizado a sistemas informáticos, el robo de información confidencial, el fraude en línea, el malware y los ataques de denegación de servicio (DDoS). Los delitos informáticos suelen ser castigados con sanciones legales que pueden incluir multas, penas de cárcel y medidas de reparación.

Piratería (Propiedad Intelectual): La piratería se refiere a la reproducción no autorizada y la distribución ilegal de obras protegidas por derechos de autor, como películas, música, software, libros y videojuegos. La piratería puede incluir la copia, descarga, distribución y venta ilegal de obras protegidas, sin el permiso del titular de los derechos de autor. La piratería destruye el valor económico de las obras originales, afecta los ingresos de los creadores y las industrias creativas, y viola los derechos de los titulares de derechos de autor. Las leyes de propiedad intelectual y las medidas de aplicación son utilizadas para combatir la piratería y proteger los derechos de los creadores.

Planeamiento (Derecho Urbanístico): El planeamiento urbano, en el ámbito del derecho urbanístico, se refiere al proceso de elaboración, adopción y ejecución de planes y programas que orientan el desarrollo y la gestión del territorio urbano. Estos planes pueden abarcar aspectos como la ordenación del territorio, la zonificación, la infraestructura urbana, la vivienda, el transporte, la conservación del patrimonio, entre otros. El planeamiento urbano se realiza a través de instrumentos como los planes generales de ordenación urbana, los planes parciales, los planes especiales, los programas de actuación urbanística, entre otros. Estos instrumentos establecen las directrices y normas que regulan el uso del suelo, la edificación, la protección del medio ambiente y otros aspectos relacionados con el desarrollo urbano.

Poder (Constitucional): El poder se refiere a la capacidad de influir, controlar o tomar decisiones sobre las acciones y el comportamiento de otras personas o instituciones. En el contexto constitucional, el poder se distribuye entre los diferentes órganos y niveles de gobierno, como el poder legislativo, ejecutivo y judicial, y se sujeta a ciertos límites y controles establecidos por la constitución. La separación de poderes es un principio constitucional fundamental que busca evitar la concentración excesiva de poder en una sola persona o institución y garantizar un equilibrio de poder entre los diferentes órganos del gobierno.

Política Energética (Derecho de la Energía): La política energética se refiere al conjunto de decisiones, objetivos, estrategias y medidas adoptadas por los gobiernos y las instituciones para gestionar el suministro, la producción, el consumo y la seguridad energética de un país o una región. Incluye la formulación de leyes, normativas, programas, incentivos y subsidios para promover el desarrollo sostenible de fuentes de energía renovable, reducir la dependencia de combustibles fósiles, mejorar la eficiencia energética, garantizar el acceso equitativo a la energía y mitigar los impactos ambientales del uso de energía.

Políticas (Salud Pública): Las políticas de salud pública son decisiones y acciones tomadas por gobiernos y organizaciones para abordar problemas de salud y promover el bienestar de la población. Estas políticas pueden incluir leyes, regulaciones, programas y estrategias diseñadas

para prevenir enfermedades, mejorar la accesibilidad y calidad de los servicios de salud, promover estilos de vida saludables y abordar determinantes sociales de la salud. Las políticas de salud pública tienen como objetivo proteger y mejorar la salud de las comunidades.

Prestaciones (Seguridad Social): Las prestaciones en el contexto de la seguridad social se refieren a los beneficios económicos o asistenciales proporcionados a individuos o familias para cubrir necesidades básicas o enfrentar situaciones específicas de riesgo o vulnerabilidad. Estas prestaciones pueden incluir subsidios de desempleo, pensiones de jubilación, asignaciones familiares, prestaciones por discapacidad, seguro de salud y otros tipos de ayuda económica. Las prestaciones de la seguridad social están diseñadas para garantizar un nivel mínimo de bienestar y protección social para todos los miembros de la sociedad, especialmente aquellos que enfrentan dificultades económicas o sociales.

Préstamo (Derecho Bancario): En el ámbito del derecho bancario, un préstamo es un contrato mediante el cual una entidad financiera otorga una cantidad de dinero o recursos a un individuo o empresa, denominado prestatario, quien se compromete a devolver dicha cantidad junto con intereses en un plazo determinado y bajo condiciones específicas acordadas entre las partes. Los préstamos pueden ser utilizados para diversos fines, como financiar la adquisición de bienes, cubrir gastos personales, invertir en proyectos o impulsar actividades empresariales. La regulación del préstamo bancario abarca aspectos relacionados con los requisitos para su otorgamiento, tasas de interés, plazos de amortización, garantías, penalizaciones por incumplimiento y protección al consumidor.

Préstamos (Banca Internacional): Los préstamos en el contexto de la banca internacional se refieren a la provisión de fondos por parte de una institución financiera a un prestatario ubicado en un país diferente al del prestamista. Estos préstamos pueden ser otorgados a individuos, empresas o gobiernos para una variedad de propósitos, como financiar proyectos de inversión, adquisiciones corporativas, expansión comercial o necesidades de liquidez. Los préstamos internacionales pueden estar denominados en diferentes monedas y estar sujetos a términos y condiciones específicos, incluidas tasas de interés, plazos de reembolso y garantías.

Prevención (Salud Pública): La prevención en el contexto de la salud pública se refiere a las medidas y acciones tomadas para evitar la ocurrencia de enfermedades, lesiones y otros problemas de salud. Esto puede incluir intervenciones dirigidas a reducir los factores de riesgo, promover comportamientos saludables, vacunación, detección temprana de enfermedades y promoción de entornos saludables. La prevención juega un papel fundamental en la salud pública al ayudar a prevenir la propagación de enfermedades, mejorar la calidad de vida y reducir los costos asociados con la atención médica.

Prisión (Derechos Humanos): La prisión es una medida de privación de libertad impuesta por el Estado como consecuencia de la comisión de un delito. Su finalidad es la de castigar al infractor, proteger a la sociedad y, en algunos casos, rehabilitar al delincuente. La privación de libertad debe cumplir con los principios de legalidad, proporcionalidad y humanidad, garantizando que las condiciones de reclusión sean dignas y respeten los derechos humanos de las personas privadas de libertad. Además, se promueve el respeto a la integridad física y moral de los internos, así como su reinserción social una vez cumplida la pena.

Privacidad (Derecho Informático): La privacidad en el contexto del derecho informático se refiere al derecho fundamental de los individuos a controlar la recopilación, el uso y la divulgación de su información personal en entornos digitales. La privacidad en línea abarca aspectos como la protección de datos personales, la confidencialidad de las comunicaciones

electrónicas y la regulación de la vigilancia digital por parte de entidades públicas y privadas. En el marco legal, la privacidad se aborda mediante leyes de protección de datos, normativas de privacidad en línea y regulaciones sobre el uso ético de la información digital.

Procedimiento (Derecho Administrativo): El procedimiento en el derecho administrativo se refiere al conjunto de pasos, trámites y formalidades que deben seguirse para la tramitación y resolución de asuntos administrativos dentro de la administración pública. Estos procedimientos están diseñados para garantizar el ejercicio adecuado de los derechos de los ciudadanos, la transparencia en la toma de decisiones, la igualdad de trato y la seguridad jurídica. Pueden incluir etapas como la presentación de solicitudes, la emisión de actos administrativos, la realización de audiencias públicas, la interposición de recursos y la ejecución de medidas coercitivas, entre otros.

Propiedad (Derecho Civil): La propiedad se refiere al derecho legal de poseer, usar y disponer de un bien de acuerdo con la ley. Puede incluir bienes tangibles como terrenos, edificios, vehículos y objetos personales, así como bienes intangibles como derechos de autor, patentes y marcas comerciales. El derecho de propiedad otorga al propietario el control exclusivo sobre el uso y disfrute del bien, así como el derecho a transferirlo, venderlo o cederlo a otros. Sin embargo, la propiedad puede estar sujeta a ciertas limitaciones y regulaciones impuestas por la ley, como restricciones de zonificación, regulaciones ambientales, impuestos sobre la propiedad y derechos de terceros.

Propiedad (Derecho Mercantil): En el ámbito del derecho mercantil, la propiedad se refiere al derecho legal de poseer, controlar y utilizar bienes, activos o recursos con el fin de obtener beneficios económicos. La propiedad puede tomar diversas formas, como propiedad tangible (por ejemplo, bienes inmuebles, maquinaria, inventario) y propiedad intangible (por ejemplo, marcas comerciales, patentes, derechos de autor). El derecho mercantil regula aspectos relacionados con la adquisición, transmisión y protección de la propiedad, así como los derechos y responsabilidades de los propietarios en el contexto de las transacciones comerciales.

Propiedad (Derecho Vivienda): La propiedad se refiere al derecho legal de poseer, usar y disponer de una vivienda o cualquier otro tipo de bien inmueble. En el contexto del derecho a la vivienda, la propiedad de una vivienda proporciona seguridad y estabilidad a los propietarios, quienes tienen el control sobre su uso y pueden beneficiarse de su valor a lo largo del tiempo. Sin embargo, ser propietario también conlleva responsabilidades, como mantener la propiedad en buenas condiciones y cumplir con las regulaciones locales relacionadas con la propiedad y el uso del suelo.

Propiedad Industrial (Marcas y Patentes): La propiedad industrial se refiere al conjunto de derechos que protegen las creaciones intelectuales relacionadas con la industria y el comercio. Esto incluye invenciones, marcas, diseños industriales y modelos de utilidad. El objetivo de la propiedad industrial es promover la innovación y la competencia leal al otorgar a los titulares derechos exclusivos sobre sus creaciones durante un período de tiempo determinado, a cambio de revelar públicamente la información sobre la invención o el diseño. La propiedad industrial se regula mediante leyes y tratados internacionales para garantizar su adecuada protección y aplicación.

Propiedad Industrial (Propiedad Intelectual): La propiedad industrial se refiere a los derechos de propiedad sobre creaciones industriales, como invenciones, marcas, diseños industriales y secretos comerciales. Estos derechos protegen la propiedad intelectual de las innovaciones técnicas y comerciales, y fomentan la innovación y la competencia en el mercado. Las principales

formas de propiedad industrial incluyen las patentes, que protegen invenciones nuevas y útiles; las marcas registradas, que identifican y distinguen productos o servicios en el mercado; y los diseños industriales, que protegen la apariencia estética de productos industriales.

Propiedad Intelectual (Marcas y Patentes): La propiedad intelectual es un término amplio que abarca tanto la propiedad industrial como los derechos de autor, así como otros derechos relacionados con la creatividad y la innovación. Se refiere a la protección legal de las creaciones de la mente, que pueden incluir invenciones, obras artísticas, literarias, musicales, marcas comerciales, diseños y secretos comerciales. La propiedad intelectual protege los intereses de los creadores y promueve la innovación y la creatividad al proporcionar incentivos para la inversión en investigación y desarrollo. Esta área del derecho abarca una serie de leyes y tratados internacionales que regulan la propiedad, el uso y la transferencia de derechos sobre la propiedad intelectual.

Protección (Banca de Inversión): La protección en el ámbito de la banca de inversión se refiere a las medidas diseñadas para salvaguardar los intereses y los derechos de los consumidores y otros participantes del mercado financiero. Esto puede incluir la regulación de la transparencia y la divulgación de información, la supervisión de la conducta de las instituciones financieras, la protección contra prácticas abusivas o fraudulentas, y la garantía de la estabilidad y solidez del sistema financiero en su conjunto.

Protección (Derecho de Consumo): La protección al consumidor se refiere al conjunto de medidas legales y regulatorias destinadas a garantizar los derechos e intereses de los consumidores en sus interacciones comerciales. Estas medidas pueden incluir normativas que establezcan estándares de calidad y seguridad para los productos y servicios, regulaciones sobre publicidad y etiquetado, procedimientos para la resolución de disputas y compensación por daños y perjuicios, así como la creación de agencias gubernamentales encargadas de supervisar el cumplimiento de las leyes de protección al consumidor.

Protección (Derecho de Consumo) (Derecho. Consumidor): La protección del consumidor es un principio fundamental en el derecho de consumo que busca salvaguardar los intereses, la salud, la seguridad y el bienestar de los consumidores en el mercado. Esta protección se materializa a través de normativas legales, políticas públicas y mecanismos de control que regulan las prácticas comerciales, establecen estándares de calidad y seguridad de los productos y servicios, garantizan el acceso a la información veraz y comprensible, y otorgan derechos y recursos legales a los consumidores para reclamar y hacer valer sus derechos frente a los proveedores y vendedores.

Protección (Derecho de la Niñez): La protección de la niñez se refiere a garantizar que los derechos de los niños sean respetados, protegidos y cumplidos en todos los aspectos de sus vidas. Esto implica protegerlos de la violencia, el abuso, la explotación, la discriminación y otras formas de maltrato. También incluye garantizarles acceso a servicios de salud, educación, vivienda adecuada y un entorno seguro y afectuoso en el que puedan crecer y desarrollarse plenamente.

Protección (Derecho de los Animales): La protección en el ámbito del derecho de los animales implica la adopción de medidas legales y políticas destinadas a salvaguardar a los animales de actos de crueldad, abuso, explotación y negligencia. Esto incluye la promulgación y aplicación de leyes de bienestar animal, la regulación de prácticas como la cría comercial, la experimentación animal y el entretenimiento que involucra animales, así como la promoción de prácticas humanitarias en la crianza, el tratamiento y la gestión de los animales.

Protección (Marcas y Patentes): La protección de marcas y patentes se refiere a las medidas legales y administrativas destinadas a garantizar los derechos exclusivos de los titulares sobre sus signos distintivos o invenciones. Esta protección incluye acciones legales para hacer valer los derechos de propiedad intelectual, como demandas por infracción de marca o patente, así como la colaboración con autoridades aduaneras para evitar la importación o exportación de productos falsificados o infractores. La protección también implica la vigilancia del mercado para detectar posibles infracciones y tomar medidas correctivas.

Protocolo (Derecho Notarial): El protocolo notarial es un conjunto de registros y documentos públicos que contiene las escrituras y actos jurídicos autorizados y certificados por un notario a lo largo de su ejercicio profesional. En el ámbito del derecho notarial, el protocolo constituye un archivo oficial y permanente donde se archivan y conservan todas las escrituras públicas, testamentos, poderes notariales y otros documentos notariales. El protocolo notarial tiene como objetivo principal garantizar la seguridad, la integridad y la autenticidad de los actos jurídicos, así como facilitar el acceso a la información y la protección de los derechos de las partes involucradas. El notario es responsable de llevar un registro ordenado y actualizado de todos los documentos que forman parte del protocolo, asegurando su custodia y confidencialidad de acuerdo con las disposiciones legales aplicables.

Publicidad (Derecho de Consumo): La publicidad es una herramienta de comunicación utilizada por los comerciantes y proveedores de bienes o servicios para promover y comercializar sus productos ante el público consumidor. En el contexto del derecho de consumo, la publicidad está sujeta a regulaciones legales que buscan proteger a los consumidores de prácticas comerciales engañosas, publicidad falsa o engañosa, y garantizar la veracidad, transparencia y honestidad en la información proporcionada al público. Estas regulaciones pueden abordar aspectos como la veracidad de las afirmaciones publicitarias, la identificación clara de los anuncios comerciales, el respeto a la dignidad humana y la protección de los grupos vulnerables, como los niños.

Quiebra (Derecho Mercantil): La quiebra es un proceso legal en el derecho mercantil que se aplica cuando una empresa o individuo no puede cumplir con sus obligaciones financieras y enfrenta dificultades para pagar sus deudas. La quiebra puede ser iniciada voluntariamente por el deudor o involuntariamente por los acreedores, y generalmente implica la liquidación de activos para pagar a los acreedores en la medida de lo posible. El proceso de quiebra está regulado por leyes específicas que establecen los procedimientos para la administración de la quiebra, la protección de los derechos de los acreedores y deudores, y la distribución equitativa de los activos disponibles.

Reclamación (Derecho de Consumo): La reclamación es un procedimiento mediante el cual un consumidor expresa su insatisfacción o disconformidad con un producto o servicio adquirido, y solicita una solución por parte del proveedor o vendedor. En el marco del derecho de consumo, los consumidores tienen derecho a presentar reclamaciones cuando consideran que se han vulnerado sus derechos como usuarios, como por ejemplo, cuando un producto presenta defectos o no cumple con las características prometidas, o cuando un servicio no se presta de manera adecuada o conforme a lo pactado. Las reclamaciones pueden dar lugar a acciones como la reparación, el reemplazo del producto, la devolución del dinero o una compensación por los daños sufridos.

Recursos (Derecho Ambiental): Los recursos en el derecho ambiental se refieren a los elementos naturales presentes en el medio ambiente que son objeto de protección, gestión y uso sostenible. Estos recursos incluyen el agua, el aire, el suelo, los minerales, la flora, la fauna y

otros elementos bióticos y abióticos que son esenciales para la vida y el funcionamiento de los ecosistemas. El derecho ambiental establece normativas y políticas para la conservación y gestión sostenible de los recursos naturales, así como para la protección de los derechos de acceso y uso equitativo de estos recursos por parte de las comunidades locales y la sociedad en general.

Recursos (Derecho de la Energía): En el ámbito del derecho de la energía, los recursos se refieren a los diversos materiales naturales utilizados para la producción de energía, como petróleo, gas natural, carbón, uranio, así como fuentes de energía renovable como la luz solar, el viento, el agua y la biomasa. La regulación de estos recursos abarca aspectos relacionados con su exploración, extracción, producción, distribución, transporte, comercialización y consumo, así como la protección del medio ambiente y la sostenibilidad de su uso.

Recursos Naturales (Derecho Ambiental): Los recursos naturales son los elementos de la naturaleza que los seres humanos utilizan para satisfacer sus necesidades y mejorar su calidad de vida, como el aire, el agua, el suelo, los minerales, los combustibles fósiles, la energía renovable, la fauna y la flora. El derecho ambiental aborda la gestión, conservación y uso sostenible de los recursos naturales, estableciendo normativas para regular su extracción, aprovechamiento y protección. También aborda cuestiones relacionadas con la propiedad, el acceso, los derechos de uso y la distribución equitativa de los recursos naturales.

Refugiado (Derechos Humanos) (Derechos Refugiados) (Extranjería): Un refugiado es una persona que ha sido obligada a abandonar su país de origen debido a un temor fundado de persecución por motivos de raza, religión, nacionalidad, pertenencia a un grupo social particular u opinión política, y que no puede o no quiere regresar debido a ese temor. La protección de los derechos de los refugiados está consagrada en el derecho internacional de los derechos humanos, incluyendo la Convención sobre el Estatuto de los Refugiados de 1951 y su Protocolo de 1967. Estos instrumentos establecen normas para la protección de los refugiados y los derechos que les corresponden, incluyendo el derecho a la vida, la libertad y la seguridad, el acceso a la asistencia humanitaria y la protección contra el retorno forzado.

Registro (Marcas y Patentes): El registro de marcas y patentes es un proceso mediante el cual se solicita y obtiene la protección legal de un signo distintivo o una invención, respectivamente. El registro de una marca confiere a su titular el derecho exclusivo de utilizarla en relación con los productos o servicios especificados en la solicitud, mientras que el registro de una patente otorga al inventor el derecho exclusivo de explotar comercialmente su invención por un período determinado de tiempo. El registro es fundamental para proteger los derechos de propiedad intelectual y evitar la competencia desleal.

Registro (Propiedad): El registro es el proceso mediante el cual se inscribe legalmente la propiedad de un bien inmueble en un registro público de la propiedad. Este registro es llevado por una autoridad gubernamental y contiene información detallada sobre la propiedad, incluyendo la descripción del inmueble, los nombres de los propietarios actuales, las hipotecas y gravámenes asociados, y cualquier otra carga o restricción que afecte la propiedad. El registro proporciona seguridad jurídica y facilita la transferencia de propiedad mediante la verificación de la titularidad y la validez de los derechos sobre el inmueble.

Reglas (Comercio Internacional): En el contexto del comercio internacional, las reglas se refieren a las normativas y directrices establecidas para regular el intercambio de bienes y servicios entre países. Estas reglas pueden abarcar una variedad de áreas, como los aranceles, las cuotas, las normas de origen, los procedimientos aduaneros, la protección de la propiedad intelectual y las

medidas sanitarias y fitosanitarias. Las reglas del comercio internacional son diseñadas para promover la transparencia, la equidad y la predictibilidad en las relaciones comerciales entre países y pueden ser establecidas de manera bilateral, regional o multilateral a través de acuerdos comerciales y organizaciones internacionales.

Regulación (Banca de Inversión): La regulación en el contexto de la banca de inversión se refiere al conjunto de leyes, normativas y políticas gubernamentales diseñadas para supervisar y controlar las actividades financieras de las instituciones bancarias. Estas regulaciones pueden abarcar áreas como la transparencia de los mercados financieros, la gestión del riesgo, la protección al consumidor, la prevención del lavado de dinero y la estabilidad del sistema financiero en su conjunto.

Regulación (Banca Internacional): La regulación en el ámbito de la banca internacional se refiere al conjunto de normativas y leyes establecidas por los gobiernos y organismos reguladores para supervisar y controlar las actividades financieras que se realizan a nivel internacional. Estas regulaciones están diseñadas para proteger la integridad del sistema financiero global, prevenir el lavado de dinero, combatir la financiación del terrorismo y garantizar la transparencia y la estabilidad en los mercados financieros internacionales. Las regulaciones pueden abarcar aspectos como la apertura de cuentas bancarias, la transferencia de fondos, la debida diligencia del cliente y la divulgación de información financiera.

Regulación (Derecho Administrativo): La regulación en el derecho administrativo se refiere al proceso mediante el cual el Estado establece normas, reglas y procedimientos para regular y controlar el comportamiento de individuos, empresas y otras entidades en el ejercicio de actividades económicas, sociales y políticas. Estas normas pueden incluir leyes, reglamentos, decretos, ordenanzas y disposiciones administrativas que establecen condiciones, requisitos y restricciones para proteger el interés público, garantizar la seguridad y el bienestar de la sociedad, promover la competencia económica y preservar el medio ambiente, entre otros objetivos.

Regulación (Derecho de la Competencia): La regulación en el ámbito del derecho de la competencia se refiere al conjunto de normas, leyes y políticas gubernamentales diseñadas para promover y mantener un mercado competitivo y proteger los intereses de los consumidores. Esto puede implicar la supervisión de la actividad empresarial para prevenir prácticas anticompetitivas, la aplicación de leyes antimonopolio, la promoción de la competencia justa y la regulación de sectores específicos de la economía para prevenir el abuso de poder de mercado.

Regulación (Derecho de la Energía): La regulación en el campo del derecho de la energía se refiere al conjunto de normas, leyes, políticas y procedimientos establecidos por los gobiernos y las autoridades regulatorias para supervisar y controlar la producción, distribución, comercialización y consumo de energía. Esto incluye la regulación de precios, tarifas, estándares de calidad, seguridad, protección ambiental, eficiencia energética y competencia en los mercados energéticos. La regulación energética busca promover el acceso equitativo a la energía, garantizar la seguridad del suministro y fomentar la inversión en infraestructura y tecnologías sostenibles.

Regulaciones (Derecho Aduanero): Las regulaciones aduaneras son normas y disposiciones legales que regulan el movimiento de mercancías a través de las fronteras internacionales y la actividad de las aduanas. Estas regulaciones abarcan una amplia gama de aspectos relacionados con el comercio internacional, como los procedimientos de importación y exportación, la

clasificación arancelaria de las mercancías, los requisitos de documentación, la valoración aduanera, los controles de seguridad y la aplicación de medidas antidumping y de salvaguardia, entre otros. Las regulaciones aduaneras varían de un país a otro y están diseñadas para proteger los intereses económicos, comerciales y de seguridad nacional de cada Estado, así como para facilitar el flujo eficiente y seguro de mercancías a través de las fronteras.

Representación (Asistencia Legal): La representación en el ámbito de la asistencia legal se refiere al acto de actuar en nombre de un individuo o entidad en un proceso legal. Un abogado u otro representante legal asume la responsabilidad de defender los intereses de su cliente, presentando argumentos legales, recopilando evidencia y participando en procedimientos judiciales en su nombre. La representación efectiva implica abogar por los mejores intereses del cliente y trabajar para lograr un resultado favorable en el caso.

Rescate Animal (Derecho de los Animales): El rescate animal se refiere a la acción de salvar y proporcionar cuidado a animales que se encuentran en situaciones de peligro, abandono, maltrato o desastres naturales. Las organizaciones de rescate animal, a menudo sin fines de lucro, se dedican a rescatar, rehabilitar y encontrar hogares adoptivos para animales en situación de necesidad. El derecho de los animales reconoce la importancia de proteger y brindar asistencia a los animales en situación de crisis, así como promover la adopción responsable y la conciencia sobre el bienestar animal en la sociedad.

Reservas (Pueblos Indígenas): Las reservas indígenas son áreas de tierra establecidas específicamente para el uso y la ocupación de pueblos indígenas. Estas áreas pueden ser reconocidas legalmente por los gobiernos nacionales como parte de un proceso de reconocimiento de los derechos territoriales de los pueblos indígenas, o pueden ser designadas como resultado de tratados o acuerdos específicos. Las reservas pueden proporcionar un espacio protegido para la preservación de la cultura, la lengua y las prácticas tradicionales de los pueblos indígenas, así como para la gestión sostenible de los recursos naturales.

Residencia (Derecho Tercera Edad): La residencia se refiere al lugar donde una persona reside habitualmente, que puede ser su hogar privado, una casa de familiares o una institución de atención a largo plazo, como una residencia de ancianos. En el contexto del derecho de la tercera edad, la residencia puede tener implicaciones legales en términos de derechos de vivienda, acceso a servicios de atención y protección de la calidad de vida. Los derechos relacionados con la residencia de las personas mayores pueden incluir el derecho a vivir en un entorno seguro y adecuado, el acceso a servicios de atención y apoyo, y la protección contra la discriminación residencial.

Residencia (Extranjería): El permiso de residencia es un documento otorgado por las autoridades de un país que autoriza a un ciudadano extranjero a residir legalmente en ese país por un período de tiempo determinado. Este permiso puede ser temporal o permanente, y su otorgamiento está sujeto al cumplimiento de ciertos requisitos, como tener un empleo, ser estudiante, tener familiares en el país, demostrar solvencia económica, entre otros. El permiso de residencia confiere al extranjero derechos y obligaciones específicos de acuerdo con las leyes del país de acogida.

Resolución (Derecho. Consumidor): La resolución de disputas es el proceso mediante el cual se resuelven los conflictos entre consumidores y proveedores en relación con transacciones comerciales. En el ámbito del derecho del consumidor, la resolución de disputas puede implicar la mediación, la negociación o la presentación de quejas ante organismos reguladores o tribunales de justicia. El objetivo de la resolución de disputas es garantizar que los consumidores

puedan hacer valer sus derechos y obtener una compensación adecuada por cualquier daño o perjuicio sufrido como resultado de prácticas comerciales injustas o engañosas.

Responsabilidad (Derecho de la Salud): La responsabilidad en el contexto de la salud se refiere a la obligación legal y ética de los profesionales de la salud de brindar atención médica competente y segura a los pacientes. Los proveedores de atención médica, como médicos, enfermeras y hospitales, tienen la responsabilidad de cumplir con los estándares de atención aceptados, diagnosticar adecuadamente las condiciones médicas, proporcionar tratamientos efectivos y tomar medidas para evitar daños innecesarios a los pacientes. La responsabilidad también implica rendir cuentas por errores médicos o negligencia que puedan causar lesiones o daños a los pacientes y enfrentar las consecuencias legales y éticas de dichos errores.

Salario (Derecho Laboral): El salario en el derecho laboral es la compensación monetaria que un empleador paga a un empleado a cambio de su trabajo. El salario puede basarse en una tarifa por hora, un salario mensual fijo, una comisión por ventas u otros métodos de remuneración acordados entre las partes. Las leyes laborales suelen establecer un salario mínimo por hora o mensual para garantizar un nivel mínimo de ingresos para los trabajadores, y también pueden regular el pago de horas extras, bonificaciones, incentivos y otros aspectos relacionados con la remuneración de los empleados.

Salario (Derecho Laboral): El salario es la retribución económica que recibe un trabajador por la realización de su trabajo, generalmente expresada en términos monetarios y pagada de forma periódica, como semanal, quincenal o mensualmente. El salario puede estar compuesto por diferentes componentes, como el salario base, las horas extras, los incentivos, las comisiones, los bonos y otros beneficios económicos o en especie. La legislación laboral establece normas y condiciones para la fijación del salario mínimo, así como para la protección de los trabajadores contra el impago de salarios, la discriminación salarial y otras prácticas abusivas por parte de los empleadores.

Salud Pública (Salud Pública): La salud pública es el campo multidisciplinario dedicado a promover y proteger la salud de las comunidades y la población en general. Se centra en la prevención de enfermedades, la promoción de estilos de vida saludables y la gestión de factores que afectan la salud a nivel poblacional. La salud pública aborda una amplia gama de áreas, como la epidemiología, la promoción de la salud, la salud ambiental, la planificación y gestión de servicios de salud, la salud ocupacional y la vigilancia de enfermedades.

Salvamento (Derecho Marítimo): El salvamento en el derecho marítimo se refiere a la actividad de rescate de personas o bienes en peligro en el mar. Los servicios de salvamento pueden ser prestados por otros buques, embarcaciones de salvamento especializadas o aeronaves, y pueden implicar el remolque de buques varados, la extinción de incendios a bordo, la asistencia a embarcaciones con problemas de motor, entre otros. El salvamento puede ser voluntario o contractual, y la persona o entidad que presta los servicios de salvamento puede tener derecho a una compensación, conocida como "recompensa por salvamento", en función del valor de la propiedad salvada y los riesgos involucrados en la operación.

Saneamiento (Salud Pública): El saneamiento es un aspecto crucial de la salud pública que se centra en la provisión de condiciones higiénicas y seguras para prevenir la propagación de enfermedades infecciosas. Incluye el suministro de agua potable segura, la gestión adecuada de aguas residuales, la eliminación adecuada de desechos sólidos, la higiene personal y la promoción de entornos limpios y saludables. El saneamiento adecuado es esencial para reducir

la carga de enfermedades transmitidas por el agua y los alimentos, como la diarrea, y promover la salud pública en general.

Seguro (Seguridad Social): En el contexto de la seguridad social, un seguro se refiere a un sistema en el que las personas, las empresas o el gobierno pagan primas o cotizaciones periódicas para recibir protección financiera o cobertura contra riesgos específicos, como enfermedad, accidentes, desempleo o jubilación. Los seguros pueden ser proporcionados por el gobierno, empresas privadas o instituciones públicas y suelen incluir una variedad de beneficios, como atención médica, indemnizaciones por incapacidad, subsidios por desempleo o pagos de pensiones. Los sistemas de seguro social están diseñados para ayudar a mitigar el impacto económico de eventos adversos en la vida de las personas y garantizar un nivel básico de seguridad económica.

Seguro Médico (Derecho de la Salud): El seguro médico es un contrato entre un individuo y una compañía de seguros que proporciona cobertura financiera para los costos de atención médica, como consultas médicas, tratamientos, hospitalización, medicamentos recetados y procedimientos médicos. Los seguros médicos pueden ser proporcionados por empleadores, organizaciones gubernamentales o ser adquiridos individualmente. La cobertura y los beneficios del seguro médico pueden variar según el plan y la compañía de seguros, y los pacientes a menudo deben pagar primas mensuales, deducibles y copagos según los términos del contrato de seguro.

Sellos (Derecho Notarial): Los sellos notariales son marcas o estampas oficiales utilizadas por los notarios públicos para autenticar y certificar documentos notariales. Estos sellos suelen contener información relevante, como el nombre y número de registro del notario, el nombre del colegio notarial al que pertenece, y la fecha y lugar de la autorización. La presencia del sello notarial en un documento confirma la intervención del notario en la formalización del mismo, otorgando así una mayor credibilidad y validez legal al documento.

Semáforo (Tráfico y Seguridad Vial): El semáforo es un dispositivo de señalización vial utilizado en intersecciones y cruces de calles para regular el flujo de tráfico y prevenir colisiones. Consiste en un conjunto de luces de colores, generalmente rojo, amarillo y verde, que indican a los conductores cuándo detenerse, ceder el paso o avanzar. El color rojo indica detención obligatoria, el amarillo señala precaución y el verde autoriza el paso. Los semáforos contribuyen a mantener el orden y la seguridad en las vías públicas al controlar el tránsito de vehículos y peatones de manera coordinada y eficiente.

Sentencia (Derechos Humanos): La sentencia es la resolución judicial que pone fin a un proceso penal y establece la responsabilidad o inocencia del acusado, así como la pena o sanción que corresponde en caso de ser declarado culpable. La sentencia debe ser dictada por un juez imparcial e independiente, y fundamentarse en pruebas válidas y en el respeto de los derechos fundamentales de todas las partes involucradas en el proceso. Es importante que la sentencia sea clara, precisa y motivada, y que se ajuste a las normas legales y a los principios de justicia y equidad.

Señal (Tráfico y Seguridad Vial): Una señal de tráfico es un dispositivo utilizado en las vías públicas para transmitir información, advertencias o instrucciones a los conductores, peatones y otros usuarios de la vía. Las señales de tráfico pueden ser de diferentes tipos, incluyendo señales de regulación (por ejemplo, semáforos), señales de advertencia (por ejemplo, curvas peligrosas), señales de información (por ejemplo, indicaciones de dirección) y señales de prohibición (por ejemplo, prohibido estacionar). Las señales de tráfico son fundamentales para

la seguridad vial al proporcionar orientación y advertencias a los usuarios de la vía pública y ayudar a prevenir accidentes y conflictos de tráfico.

Sin Hogar (Derecho Vivienda): El término "sin hogar" se refiere a las personas que carecen de una residencia estable y adecuada para vivir, lo que incluye a aquellos que viven en la calle, en refugios temporales o en situaciones de vivienda inestable. En el contexto del derecho a la vivienda, abordar la problemática de las personas sin hogar es una prioridad importante para garantizar el cumplimiento del derecho humano básico a una vivienda adecuada y digna. Esto puede implicar la implementación de políticas y programas que proporcionen vivienda asequible y servicios de apoyo a las personas sin hogar, así como la prevención de desalojos injustos y la promoción de soluciones de vivienda a largo plazo.

Sindicato (Derecho Laboral) (Derecho de Trabajo): Un sindicato es una asociación formada por trabajadores con el fin de defender y promover sus intereses laborales, económicos y sociales. Los sindicatos representan a los trabajadores ante los empleadores y las autoridades gubernamentales, negociando condiciones de trabajo justas, salarios adecuados, beneficios sociales, seguridad laboral y otros aspectos relacionados con el empleo. Además, los sindicatos suelen participar en la elaboración de políticas laborales y en la defensa de los derechos laborales de sus afiliados. La libertad sindical es un derecho fundamental reconocido internacionalmente, que garantiza a los trabajadores el derecho a formar y afiliarse a sindicatos, así como a participar en actividades sindicales sin sufrir represalias por parte de los empleadores.

Soberanía (Internacional): La soberanía es el principio fundamental del derecho internacional que reconoce a los estados como entidades políticas independientes y autónomas, capaces de gobernarse a sí mismos sin interferencia externa. La soberanía implica el ejercicio exclusivo del poder político, legislativo, ejecutivo y judicial dentro de las fronteras de un estado, así como el reconocimiento mutuo de la igualdad soberana entre los estados en la comunidad internacional. Aunque la soberanía es un principio fundamental, está sujeta a ciertas limitaciones y obligaciones derivadas del derecho internacional, como el respeto a los derechos humanos y el cumplimiento de los tratados internacionales.

Sociedad (Derecho Mercantil): En el ámbito del derecho mercantil, una sociedad se refiere a una forma legal de organización empresarial en la que dos o más personas se unen para llevar a cabo actividades comerciales con el fin de obtener ganancias. Las sociedades pueden adoptar diversas estructuras, como sociedades colectivas, sociedades de responsabilidad limitada, sociedades anónimas y sociedades comanditarias, cada una con características y regulaciones específicas. Estas entidades pueden poseer su propio patrimonio, realizar contratos, incurrir en deudas y ser demandadas legalmente en nombre de la sociedad, lo que proporciona a los socios una limitación de responsabilidad según la estructura de la sociedad.

Sostenibilidad (Derecho Ambiental): La sostenibilidad en el derecho ambiental se refiere al principio de satisfacer las necesidades actuales sin comprometer la capacidad de las generaciones futuras para satisfacer sus propias necesidades. El derecho ambiental promueve la sostenibilidad mediante la adopción de políticas y regulaciones que fomenten prácticas de desarrollo y uso de recursos que sean ambientalmente responsables, socialmente justas y económicamente viables a largo plazo. Esto incluye la promoción de prácticas agrícolas sostenibles, la conservación de recursos naturales, el uso eficiente de la energía y la promoción de tecnologías limpias y renovables.

Sucesión (Derecho Sucesorio): La sucesión se refiere al proceso legal mediante el cual los bienes, derechos y obligaciones de una persona fallecida se transmiten a sus herederos o legatarios. La

sucesión puede ocurrir de acuerdo con las disposiciones testamentarias del difunto, en cuyo caso se rige por las instrucciones contenidas en el testamento, o puede ocurrir intestadamente cuando el difunto no dejó testamento válido. La sucesión implica la identificación de los herederos legales, la determinación de los activos y pasivos del patrimonio del difunto, la liquidación de deudas y obligaciones, y la distribución de los bienes entre los sucesores.

Suministro (Derecho de la Energía): En el ámbito del derecho de la energía, el suministro se refiere al proceso de distribución y entrega de energía, ya sea eléctrica, de gas natural, de petróleo u otra forma, desde los puntos de producción o generación hasta los consumidores finales. La regulación del suministro energético abarca aspectos relacionados con la planificación de la infraestructura de transporte y distribución, la operación de redes de energía, la seguridad y calidad del suministro, los contratos de suministro, la gestión de crisis y emergencias, y la coordinación entre los distintos actores del sector energético.

Testamento (Derecho Civil) (Derecho Sucesorio): Un testamento es un documento legalmente vinculante que expresa la voluntad de una persona, llamada testador, con respecto a la distribución de sus bienes y la designación de beneficiarios después de su fallecimiento. El testamento puede establecer disposiciones sobre la distribución de bienes, la tutela de menores, la designación de un albacea o representante legal, y otros asuntos relacionados con la sucesión. Para que un testamento sea válido, debe cumplir con ciertos requisitos legales, como ser escrito y firmado por el testador en presencia de testigos competentes, dependiendo de la legislación aplicable. Los testamentos pueden ser revocados o modificados en cualquier momento antes de la muerte del testador, siempre que se sigan los procedimientos legales adecuados.

Testamento (Derecho Notarial): El testamento es un documento legal mediante el cual una persona, llamada testador, manifiesta sus últimas voluntades y disposiciones sobre la distribución de sus bienes y propiedades después de su fallecimiento. En el contexto del derecho notarial, el testamento es uno de los instrumentos más importantes y comúnmente utilizados para la planificación de la sucesión y la herencia. El notario desempeña un papel crucial en la redacción, la formalización y la custodia del testamento, asegurando que cumpla con los requisitos legales y formales establecidos por la ley. La intervención del notario en la elaboración del testamento garantiza su autenticidad, validez y ejecución de acuerdo con la voluntad del testador.

Testigo (Derecho Notarial): En el contexto del derecho notarial, un testigo es una persona que presencia la firma de una escritura notarial y certifica la identidad de las partes que intervienen en el acto jurídico. Los testigos tienen la función de garantizar la autenticidad y validez del documento, así como de respaldar la legalidad de los actos jurídicos que se formalizan ante el notario. La presencia de testigos puede ser requerida por ley en ciertos casos, especialmente en aquellos actos que implican la transmisión de derechos reales sobre bienes inmuebles o que tienen un impacto significativo en las relaciones jurídicas de las partes involucradas.

Testimonio (Derecho Notarial): En el ámbito del derecho notarial, un testimonio es una copia autorizada y certificada de un documento original realizado por un notario público. El testimonio tiene la misma validez y eficacia legal que el documento original del cual se deriva, ya que refleja fielmente su contenido y las firmas que lo acompañan. Los testimonios son importantes para proporcionar una evidencia autenticada de los acuerdos y transacciones registrados en el documento original, y pueden ser utilizados como prueba en procedimientos judiciales o administrativos.

Tierras (Pueblos Indígenas): Las tierras son un componente fundamental de la identidad, la cultura y la subsistencia de los pueblos indígenas. La relación de los pueblos indígenas con sus tierras ancestrales va más allá de la mera propiedad, ya que estas tierras están intrínsecamente ligadas a su cosmovisión, su historia y su bienestar físico y espiritual. Sin embargo, los pueblos indígenas a menudo enfrentan desafíos en la protección y el acceso a sus tierras debido a la colonización, la expansión industrial, el desarrollo urbano y otros factores que amenazan su seguridad territorial y su supervivencia cultural.

Título (Propiedad): El título es un documento legal que certifica la propiedad de un bien inmueble. Contiene información detallada sobre el historial de propiedad del inmueble, incluyendo las transacciones anteriores, los nombres de los propietarios anteriores, las restricciones legales y cualquier otro tipo de gravamen que afecte la propiedad. El título es fundamental para establecer la legitimidad de la propiedad y garantizar la seguridad jurídica en las transacciones inmobiliarias.

Tortura (Derechos Humanos): La tortura se define como el acto deliberado de infligir dolor físico o mental severo a una persona como forma de castigo, obtener información, coaccionar una confesión o intimidar a una persona o a otros. Es considerada una violación grave de los derechos humanos y está prohibida por el derecho internacional, incluyendo la Convención contra la Tortura y Otros Tratos o Penas Crueles, Inhumanos o Degradantes de las Naciones Unidas. A pesar de esta prohibición, la tortura sigue siendo practicada en muchas partes del mundo, a menudo como parte de la represión política, el control de la población o la lucha contra el terrorismo.

Trabajo (Derecho Laboral): El trabajo es una actividad realizada por una persona en virtud de un contrato laboral o de un acuerdo de prestación de servicios, mediante el cual se compromete a realizar una determinada labor a cambio de una remuneración. La legislación laboral regula las relaciones laborales entre empleadores y trabajadores, estableciendo derechos y obligaciones para ambas partes y garantizando condiciones de trabajo dignas y seguras. Los derechos laborales reconocidos a los trabajadores incluyen el derecho a un salario justo, el descanso remunerado, la seguridad social, la libertad sindical, la igualdad de oportunidades en el empleo y la protección contra la discriminación y el acoso laboral.

Transferencias (Banca Internacional): Las transferencias internacionales de fondos son transacciones financieras que implican el movimiento de dinero entre cuentas bancarias ubicadas en diferentes países o jurisdicciones. Estas transferencias pueden realizarse por una variedad de motivos, como pagos comerciales, remesas familiares, inversión internacional, entre otros. Las transferencias internacionales suelen estar sujetas a regulaciones y tarifas específicas, y pueden procesarse a través de sistemas de pago como SWIFT (Sociedad Mundial de Telecomunicaciones Financieras Interbancarias) o redes de pago alternativas.

Tratados (Internacional Privado) (Internacional): Los tratados internacionales son acuerdos formales entre dos o más países que establecen derechos y obligaciones mutuos entre las partes. Estos acuerdos pueden abordar una amplia gama de temas, como comercio, derechos humanos, medio ambiente, seguridad y cooperación económica, entre otros. Los tratados internacionales pueden ser bilaterales, entre dos países, o multilaterales, entre varios países. Los tratados internacionales son vinculantes para las partes y tienen fuerza de ley en el ámbito internacional, y generalmente requieren la ratificación o aprobación por parte de los órganos legislativos nacionales para su entrada en vigor y aplicación.

Tratamiento (Derecho de la Salud): El tratamiento en el ámbito de la salud se refiere a las intervenciones médicas, terapias o procedimientos utilizados para prevenir, diagnosticar, controlar o curar enfermedades, lesiones o condiciones médicas en los pacientes. Los tratamientos pueden incluir medicamentos, cirugías, terapias físicas, rehabilitación, terapias alternativas, consejería y cambios en el estilo de vida. La elección del tratamiento adecuado depende de varios factores, como el diagnóstico médico, la gravedad de la condición, las preferencias del paciente y los riesgos y beneficios asociados con cada opción de tratamiento. Los profesionales de la salud están capacitados para evaluar, recomendar y administrar tratamientos de manera segura y efectiva para mejorar la salud y el bienestar de los pacientes.

Tribunal (Penal Internacional): Los tribunales de derecho penal internacional son instituciones judiciales establecidas para enjuiciar crímenes internacionales y garantizar la rendición de cuentas por violaciones graves del derecho internacional. Estos tribunales pueden tener diferentes niveles de jurisdicción, desde tribunales ad hoc establecidos para casos específicos hasta tribunales permanentes con competencia general para juzgar crímenes internacionales. Algunos ejemplos de tribunales de derecho penal internacional incluyen la Corte Penal Internacional (CPI), establecida en 2002 para juzgar crímenes de genocidio, crímenes de lesa humanidad, crímenes de guerra y agresión; y el Tribunal Penal Internacional para la ex Yugoslavia (TPIY) y el Tribunal Penal Internacional para Ruanda (TPIR), establecidos para juzgar crímenes cometidos durante los conflictos en la ex Yugoslavia y Ruanda, respectivamente. Estos tribunales desempeñan un papel crucial en la lucha contra la impunidad y la promoción de la justicia internacional.

Tutela (Derecho de la Niñez): La tutela es un mecanismo legal mediante el cual una persona o entidad, llamada tutor, asume la responsabilidad de cuidar y proteger a un menor de edad que no está bajo el cuidado de sus padres biológicos. Esto puede ocurrir cuando los padres han fallecido, son incapaces de cuidar al niño o han sido privados de la patria potestad. El tutor tiene la autoridad legal para tomar decisiones en nombre del menor en cuestiones como la educación, la salud y el bienestar general.

Universal (Derecho a la Educación): La universalidad del derecho a la educación significa que este derecho debe estar disponible y accesible para todas las personas, sin excepción. Esto implica que los Estados tienen la responsabilidad de garantizar que nadie sea excluido de la educación debido a factores como la pobreza, la discapacidad, el género o el origen étnico. La educación universal busca garantizar igualdad de oportunidades y promover la inclusión social y el desarrollo humano en todas las etapas de la vida.

Urbanismo (Derecho Urbanístico): El urbanismo, en el ámbito del derecho urbanístico, se refiere al conjunto de normas, principios y políticas que regulan el desarrollo y la organización de los espacios urbanos. Estas normas pueden abarcar aspectos como la planificación territorial, la ordenación del territorio, el uso del suelo, la protección del medio ambiente, la movilidad urbana, la construcción de infraestructuras y equipamientos públicos, entre otros. El objetivo del urbanismo es promover un desarrollo urbano sostenible, equilibrado y armónico, que garantice la calidad de vida de los ciudadanos y la protección del entorno urbano.

Usufructo (Propiedad): El usufructo es un derecho real que otorga a una persona (llamada usufructuario) el derecho de usar y disfrutar de un bien inmueble o mueble perteneciente a otra persona (llamada nudo propietario) durante un tiempo determinado o durante la vida del usufructuario. El usufructuario tiene el derecho de utilizar el bien y recibir los beneficios que

produce, pero no tiene derecho a disponer del mismo de manera permanente ni a dañarlo de forma intencional.

Vacunación (Salud Pública): La vacunación es una estrategia de salud pública que consiste en administrar vacunas para prevenir enfermedades infecciosas. Las vacunas deben estimular el sistema inmunológico para producir una respuesta protectora contra patógenos específicos, como virus o bacterias, sin causar la enfermedad.

Velocidad (Tráfico y Seguridad Vial): La velocidad se refiere a la rapidez con la que un vehículo se mueve en la vía pública y es un factor clave en la seguridad vial. La velocidad adecuada depende de varios factores, como las condiciones de la carretera, el tráfico, el clima y la visibilidad. El exceso de velocidad aumenta el riesgo de accidentes de tráfico y puede provocar colisiones más graves y lesiones más severas en caso de impacto. Las autoridades de tránsito establecen límites de velocidad máxima en diferentes tipos de carreteras y áreas urbanas para promover la seguridad vial y reducir la incidencia de accidentes relacionados con la velocidad.

Visado (Extranjería): Un visado es un documento oficial emitido por las autoridades de un país que permite a un ciudadano extranjero entrar, permanecer o transitar por ese país por un período de tiempo específico y con fines determinados. Los visados pueden ser de diversos tipos según la duración de la estancia, como visados de turismo, estudiante, trabajo, negocios, entre otros. Para obtener un visado, los solicitantes suelen tener que cumplir ciertos requisitos, como presentar una solicitud, proporcionar documentación relevante, pasar entrevistas o exámenes médicos, y pagar tasas.

Vivienda (Derecho Vivienda): La vivienda se refiere al lugar físico donde una persona reside y que proporciona un espacio habitable para vivir. En el contexto del derecho a la vivienda, este término se relaciona con el derecho humano básico de todas las personas a tener un lugar seguro, adecuado y digno para vivir. Esto implica no solo tener un techo sobre la cabeza, sino también acceso a servicios básicos como agua potable, electricidad, saneamiento y calefacción. La vivienda también puede incluir aspectos legales como la tenencia de la propiedad, el alquiler y los derechos de los inquilinos.

Votante (Derecho Electoral): Un votante es un individuo que tiene el derecho legal de participar en elecciones y expresar su preferencia por un candidato, partido político o medida en una votación. En el derecho electoral, se establecen normas y procedimientos para garantizar que los votantes puedan ejercer su derecho al voto de manera libre, justa y equitativa. Estos procedimientos pueden incluir el registro de votantes, la identificación en el lugar de votación, la emisión y el conteo de votos, así como la prevención del fraude electoral y la intimidación.

Zona Económica (Derecho Internacional del Mar): La zona económica es una extensión de aguas marinas y lechos submarinos adyacentes a la costa de un estado costero que se extiende hasta 200 millas náuticas desde su línea de base. Dentro de la zona económica exclusiva (ZEE), el estado costero tiene derechos de soberanía sobre la explotación y gestión de los recursos naturales, incluidos los minerales y los recursos vivos, tanto en el agua como en el lecho marino. Sin embargo, otros estados tienen derecho a la libertad de navegación y sobrevuelo, así como al tendido de cables y tuberías submarinas, en la ZEE, sujeto a las leyes y regulaciones del estado costero.

Zona Territorial (Derecho Internacional del Mar): La zona territorial es el área marítima adyacente a la costa de un estado soberano que se extiende hasta 12 millas náuticas desde su línea de base. Dentro de la zona territorial, el estado costero ejerce plena soberanía, incluido el

control sobre la navegación, la pesca, la explotación de recursos y la aplicación de las leyes y regulaciones nacionales. Los barcos extranjeros gozan del derecho de paso inocente a través de la zona territorial, siempre que cumplan con las leyes y regulaciones del estado costero y no pongan en peligro su paz, seguridad o medio ambiente.

Zonificación (Derecho Urbanístico): La zonificación es un instrumento del derecho urbanístico que consiste en la división del territorio urbano en distintas zonas o áreas con usos y características específicas. Estas zonas pueden estar destinadas a usos residenciales, comerciales, industriales, recreativos, institucionales, entre otros. La zonificación tiene como objetivo regular el uso del suelo y la ocupación del espacio urbano, garantizando un desarrollo urbano ordenado, funcional y compatible con las necesidades y aspiraciones de la comunidad. La planificación urbanística suele establecer los criterios y parámetros para la zonificación, así como los procedimientos para su modificación o revisión.

Zoosanitario (Derecho de los Animales): El zoosanitario se refiere al conjunto de normativas y regulaciones relacionadas con la sanidad y el bienestar de los animales en granjas, ranchos, zoológicos y otros establecimientos donde se crían, mantienen o exhiben animales. Estas regulaciones abarcan aspectos como la prevención y control de enfermedades animales, el manejo adecuado de desechos, la higiene de los recintos y la atención veterinaria. El objetivo del zoosanitario es proteger la salud de los animales y prevenir la transmisión de enfermedades entre animales y humanos.

Libros de esta colección:

BlessedPapers

www.ingramcontent.com/pod-product-compliance
Lightning Source LLC
Chambersburg PA
CBHW082214290526
45794CB00009B/3545